Morgensterne

Bibliotherapie für Kinder

Claudia J. Schulze /
Illustrationen von Anke Hartmann

Wir unterstützen die Kinderhospizarbeit in
Deutschland, Österreich und der Schweiz

Herstellung und Verlag : BOD Books on Demand Norderstedt
© Dr. Claudia J. Schulze (Bärbel Schulze Stiftung für
therapeutisches Schreiben und Lesen)
ISBN: 978374483016, 2019, Lektorat Phillo, Leipzig
Illustrationen: Anke Hartmann, Leipzig

Inhaltsverzeichnis

Begriffsbestimmung Bibliotherapie

Text/ Kapitel 10 Bandit, Beethoven und die Musik

Mit Fragekatalog (klein) und Impuls

Text/ Kapitel 11: Rocky und Mia

Mit Fragekatalog (klein) und Impuls

Impulse (gesamt) und Hinweise zu der Autorin und der Illustratorin (Vorstellung))

Zudem: Weiteres Zusatzmaterial / Sondereditionen etc.

Literaturempfehlungen

Weitere Hinweise und Nachwort; Materialien

Bibliotherapie

„Bibliotherapie" bezeichnet die Therapieform, die sich aufs Lesen stützt. Der Wortteil „Biblio" bezieht sich nicht etwa auf die Bibel, sondern aufs griechische „biblos" βίβλος, „das Buch". (Wobei die Bibel wiederum eben auch: *„Das Buch"* heißt).

Aber an dieser Stelle soll nicht von einem einzigen Buch die Rede sein, sondern von vielen. Schreiben und lesen mit dem Ziel der Selbsterkenntnis und Selbstheilung gibt es bereits seit langer Zeit; spätestens jedoch seit der Entstehung der Hochkulturen. Was ist das Besondere an dieser Methode?

Die Arbeit mit Medien, welche den direkten Gefühlsbereich ansprechen, verspricht primäres statt sekundäres Lernen. Im Lesen von Literatur kann der Klient sich mit Figuren identifizieren und sich von ihnen abgrenzen, kann am Modell lernen wie andere es gemacht haben und findet etwa in der Lyrik oder auch sonst im fremden Ausdruck Worte, wo er selbst sprachlos ist (Dies gilt im positiven wie durchaus auch im negativen Sinn).

Die Poesie- und / oder die Bibliotherapie basiert dabei im Wesentlichen auf der Überzeugung der Heilkraft der Sprache. Es gibt mittlerweile ganz außerordentlich viele, sehr unterschiedliche Richtungen und diverse Strömungen.
Der von mir hier persönlich bevorzugte Ansatz hat seine Wurzeln vor allem in der Humanistischen Psychologie und in der Humanistischen Pädagogik.
Es gibt aber auch z.B. konstruktivistische Ansätze, tiefenpsychologisch orientierte Ansätze und viele mehr. Ich verstehe diese nicht als Konkurrenten; vielmehr verstehe ich sie als weitere zum Teil in der Tat äußerst hilfreiche Ansätze!
Dieses vorliegende Buch hier soll als eine Art in sich erweiterbare, doch durchaus auch in sich zusammenhängende Arbeits-, Notiz- und Materialsammlung dienen.

An bestimmten Stellen habe ich daher Freiräume eingebaut, in denen somit auch schriftlich über bestimmte, ausgesuchte Themen reflektiert werden kann.

Dies sind jedoch selbstverständlich immer jeweils nur Vorschläge.
Ihnen stehen selbstverständlich sehr viel mehr Möglichkeiten offen. Ihren eigenen Ideen und Erfahrungen, Ihren jeweiligen ganz individuellen Verknüpfungen, Ihren ganz persönlichen Assoziationen und Ihren Interpretationsmöglichkeiten sind hier absolut keinerlei Grenzen gesetzt. Auch die kreativen, liebevollen, individuellen und einfühlsamen Bilder der besonderen und sehr bekannten Leipziger Künstlerin und Autorin Anke Hartmann können hierbei hoffentlich zusätzlich vielerlei Themen *„anstoßen"*, und ich würde mich sehr freuen, wenn das Buch Ihnen und Ihren Klienten viele neue, sehr fruchtbare und lebendige Impulse für Ihre theologische, heilpädagogische, sozialpädagogische, ggf. auch philosophische, pädagogische, sozial-

beraterische und /oder aber ihre psychotherapeutische Arbeit bietet.

Die einzelnen Kapitel haben dabei jeweils
bestimmte Schwerpunkte, wobei sich die
Geschichten nicht auf diese reduzieren
lassen, und zugleich sicherlich auch nicht
alle Aspekte zugleich erfassen können. Es
sind lediglich Anregungen, wobei die
Geschichten sich aufeinander beziehen,
und es hierzu, bei Interesse, noch weitere
Literatur gibt.
Hierbei handelt es sich um die weiter
hinten aufgeführten Bücher, verfasst von
mir mit Illustrationen der so beliebten
Leipziger Künstlerin Anke Hartmann und
dem renommierten Schattenbild-Künstler
Wilhelm Schneider. Das Buch von Anke
Hartmann bietet eine weitere Ergänzung
zum Thema: „Tod", die ich an dieser Stelle
empfehlen möchte.
In meinen eigenen Büchern: *„Nachtflüge"*,
„Rabenfedern bringen Glück", sowie
„Lukas und die Geschichte der Schatten"
wird das Thema Tod, Verlust und Angst

immer wieder angesprochen. Es werden dabei gleichzeitig jeweils Ressourcen aufgezeigt, die aber dabei, das ist selbstverständlich, auch für die jungen Klienten immer nur ein Angebot sein können.

Durch die jeweilige Modellvorgabe sollen sie angeregt werden, sich mit ihren eigenen, ganz individuellen Möglichkeiten auseinander zusetzen, die dazu dienen sollen, ganz persönliche Ressourcen zu entwickeln und auszubauen, um den genannten Themen nicht gänzlich hilflos und unvorbereitet gegenüberzustehen.
Diese zusätzlich von mir genannten Bücher sind nicht, so wie das vorliegende Buch, mit Impulsfragen versehen.
Jedoch können Sie diese Impulse selbstverständlich für sich selbst und für Ihre Klienten entwickeln. Selbstverständlich ist es wichtig im Vorfeld durchdacht zu entscheiden welche der Geschichten den einzelnen Kindern jeweils „zugemutet" werden können. Dies hängt auch vom Stand der Therapie ab, vom Kind selbst etc.

Einem ohnehin ganz besonders traumatisierten oder ängstlichen Kind, das unter starken Verlustängsten leidet sollte eher eine gewissermaßen „unbefangenere" Geschichte präsentiert werden, in der beispielsweise lediglich Tiere o.ä. als Symbolfiguren vorkommen (Kais Hase) und in der nicht der konkrete Verlust sehr realer Menschen (Schwester, Vater, Freund) im Mittelpunkt steht. Gerade die Kinder die einen solchen realen Verlust bereits erlebt haben gehen häufig anders mit solchen Geschichten um als Kinder, bei denen sich der Verlust überwiegend in der Phantasie abspielt, wobei das zweitgenannte Phänomen durchaus ebenfalls äußerst quälend für die betroffenen Kinder ist / sein kann, so dass es niemals unterzubewerten ist. Hier kommt es auf die Erfahrung, auf die Sensibilität und auf das Fingerspitzengefühl des Therapeuten / der Therapeutin an. Die sehr gründliche Auseinandersetzung mit den hier nachfolgenden Geschichten kann, auch für Therapeutinnen und Therapeuten, ein solches Gefühl stärken. Dies soll zugleich auch das Ziel dieser Sammlung sein – sei es für den Leiter / bzw. die Leiterin oder eben das betroffene Kind, die betroffene Familie.

Im Gegensatz zu meinen Büchern zur Bibliotherapie für Erwachsene habe ich hier bewusst weniger strukturiert.

Zum einen ist dies natürlich der Tatsache geschuldet, dass Kinder noch (mehr als Erwachsene) im Werden begriffen sind, so dass mir Klassifikationen daher hier noch weitaus weniger angebracht zu sein erscheinen als dies im Zusammenhang mit der bibliotherapeutischen Arbeit, welche sich im Kontext der Therapie Erwachsener befindet, eher der Fall ist.

Bei all meinen Arbeitsbüchern zum Thema Bibliotherapie mit Erwachsenen erschien bisher der, (die) Schwerpunkt(e) Angst / Depression / Suizid und Sucht.

Im Anhang habe ich auf drei von mir verfasste Bücher verwiesen, welche – bei Bedarf – zusätzlich zu therapeutischen

Zwecken additiv herangezogen werden können. Sie haben sich bisher in der Praxis sehr gut bewährt. Andere Bücher sind selbstverständlich ebenfalls möglich.

Wesentliche Inhalte decken sich mit dem vorliegenden Band, jedoch sind es dort durchgängige, abgeschlossene, gedanklich und inhaltlich aufeinander aufbauende Geschichten – jeweils in drei, zeitlich und auch inhaltlich aufeinander aufbauenden Bänden. Die jeweiligen Protagonisten erscheinen ebenfalls in dem vorliegenden Arbeitsbuch, wobei hier lediglich einzelne Bereiche zu bestimmten Themen wirken sollen. Alle größeren und umfassenderen Rahmenhandlungen befinden sich zusätzlich in den weiter hinten genannten Büchern. Dennoch kommt gerade das hier vorliegende Arbeitsbuch auch für sich, ohne diese zusätzlichen Verdichtungen und Vertiefungen aus. Sämtliche hier aufgeführten Geschichten können also durchaus auch für sich alleine stehen und als Impulse dienen, wobei Schwerpunkte ausgesucht und gezielt bearbeitet werden können. All dies wird auch hier genau aufgegriffen, angesprochen und vertieft. Als behandelnder Therapeut / Therapeutin haben Sie selbstverständlich die Möglichkeit, die Geschichten zu modifizieren, für das jeweilige Kind „anzupassen" (z.B. was Aussehen, Alter und Geschlecht betrifft).

Hier können sowohl Distanz als auch Nähe vermittelt werden, je nachdem, was die jeweilige Situation erfordert. Hauptziel soll es sein, dem jeweils betroffenen Kind den größtmöglichen Raum zu bieten, von dem aus es genug Vertrauen aufbringen kann, um sich mit dem Gefühl von Sicherheit anzuvertrauen. Daher erfordert dies, wie jede therapeutische Situation, ein ganz besonderes Fingerspitzengefühl und eine ausgeprägte Achtung im Umgang mit dem Kind. Die nachhaltige, gute Wirkungsweise bibliotherapeutischer Arbeit ist in ihrer Wirksamkeit schon seit langem durch zahlreiche Studien eindrucksvoll belegt, deren Lektüre ich sehr empfehle. In dem vorliegenden Buch soll es jedoch gleich um die mögliche und konkrete Anwendung anhand hier eigens entwickelter therapeutischer Geschichten gehen.

* So geht es in ihnen (wie auch im Band 1 *„Nachtflüge"*) um Anpassungsstörungen, um den Aufbau hilfreicher kognitiver Konstrukte, um den Aufbau von Vertrauen und um die zunehmende Entwicklung von Akzeptanz und Einsichten in Gesetzmäßigkeiten des Lebens.

Es dreht sich, ebenso wie in Band 2, mit dem Titel *„Rabenfedern bringen Glück"*, um den Umgang mit aufbrechenden Emotionen, um den Aufbau von Selbstwirksamkeit und um die Nutzung eigener Ressourcen, wie zum Beispiel um den Aufbau tragender sozialer Beziehungen.

Band 3: *„Nebelträume"* behandelt überwiegend die langsame Integration von Gefühlen, um ein konkretes „Reframing", und um etwas, das, gemeinsam mit der bereits im ersten Band angestrebten Entwicklung in Zusammenhang steht, dem *Coping* inmitten seiner schweren Lebenssituationen.

In Band 4: *„Korax und das Geheimnis der Kürbisse"* erfolgt ein Perspektivenwechsel. Aus der Sicht eines bereits erwachsenen Menschen werden die Erlebnisse von Lukas, Kai und Mia nochmals belebt und mit Hilfe einer alten Frau „Agathe" zum Teil gedeutet. Hier geht es viel um das Thema „Identität" und um das Thema „Ressourcen".

Bei **Leah Löwenherz** wird Lukas´ Geschichte z.T. auszugsweise aus weiblicher Perspektive wiedergegeben, um ggf. bei Mädchen eine stärkere Form der Identifikation und des Rollen-Lernens zu ermöglichen.

Leah Löwenherz ist hierbei nicht Teil einer aufeinanderfolgenden Reihe.

Es steht vielmehr für sich und eignet sich beispielsweise als Geschenkbuch für Kinder in Trauer. Das Folge-Buch „Verwaiste Kinder-verwaiste Eltern" schließt sich hier an. Der Band **Ruby Blue** bietet einen leichten Einstieg in die „Lukas-Reihe"; leicht in doppeltem Sinn, da hier die Probleme nicht so massiv auftreten wie z.T. in den anderen Bänden.

In der Sonderedition *„Lukas und die Geschichte der Schatten"* geht es unter anderem um Platons Höhlengleichnis.

Das Buch ist ein Auszug aus gleich mehreren Büchern der sogenannten therapeut. „Lukas-Reihe", wobei die Auseinandersetzung mit den Schatten und das Höhlengleichnis im Vordergrund steht.

Visualisiert wird dies durch Schattenbilder des Künstlers Wilhelm Schneider.

Dieses Buch orientiert sich am Ausspruch des amerikanischen Schriftstellers und Poeten R.W. Emerson:

> Jedes Sprichwort, jedes Buch, jedes kleine Wörtchen, das die zu Hilfe und Trost bestimmt ist, wird auf geraden oder verschlungenen Wegen zu dir gelangen.
>
> (R.W. Emerson)

Anmerkungen und Vorschläge bitte sehr gerne an
CJ.Schulze@gmx.de

Techniken der Bibliotherapie

Verfremdung/ Verfremdungen

Geschichte umschreiben

Gegentext

Gegeninszenierungen

Wortverdrehungen

Collagen

Montagen, Malen zu Musik

Interpretationen

Briefe an die einzelnen Personen schreiben

Kommentare schreiben

Einen Vergleich zu eigenen Erfahrungen schriftlich

festhalten

Parodieren

Perspektivenwechsel

Meta-Ebene beschreiben

Neue Assoziationsketten schaffen

Geschichte zu einem Impuls-Bild schreiben

Sprechen über die jeweiligen Geschichten

Wichtig ist es dabei auch, eigene Ideen der Kinder aufgreifen. Ein Mädchen kam beispielsweise auf die Idee, kleine Zettelchen für Kai zu schreiben und diese zu beschriften. (Kais Mutter hat in einer meiner Erzählungen die Familie verlassen. Das Mädchen schlug nun vor Kai auf kleinen, aufwändig und liebevoll bemalten Zettelchen kleine Bot-schaften zu hinterlassen wie: „Es ist nicht Deine Schuld", „Ich hab Dich lieb". „Du bist stärker als Du denkst", „Ich bin immer bei Dir" etc. Zum einen lernen wir als Therapeuten auf diese Art selbst etwas über die Bedürfnisse der jeweiligen Kinder, dürfen uns aber auch von ihrem Einfallsreichtum und ihrer Kreativität beschenken lassen. Ein anderes Mädchen fand unter meinen Buch-Expemplaren, mit denen ich arbeite, einen Fehldruck. Sämtliche Farbseiten waren lediglich in schwarz-weiß gedruckt. Das inspirierte sie dazu diese Bilder selbst auszumalen. Ähnlich wie bei der Arbeit mit Mandalas erlebte sie dadurch eine Verstärkung ihrer Konzentrationsfähigkeit und eine Abnahme ihrer Nervosität, mit der sie häufig zu kämpfen hatte. Bibliotherapie kann das Gefühl von Isolation verringern, die Selbswirksamkeit und das Proaktive Coping verbessern, das divergente Denken erhöhen und vieles mehr.

ICD10- Erkrankungen im Kindes- und Jugendalter

Psychische Auffälligkeiten in der mittleren Kindheit:
Störungen des Sozialverhaltens,
emotionale Störungen, psychosomatische
Reaktionen,
Zwangsstörungen, Ticstörungen, Lern- und
Leistungsstörungen

Kriterien der Beeinträchtigung
Leiden
Soziale Einengung
Interferenz mit der Entwicklung
Auswirkungen auf andere
Anpassungsstörungen

Klassifikation

Kinder- und jugendpsychiatrische Störungen werden
in der von der
Weltgesundheitsorganisation (WHO)
herausgegebenen
internationale Klassifikation psychischer Störungen
(IDC 10, Kapitel V [F]) erfasst.

**(Internationale Klassifikation
psychischer Störungen ICD- 10 Kapitel V)**

Psychische Störungen bei Kindern und Jugendlichen

Auch gerade bei Kindern und Jugendlichen treten selbstverständlich psychische Störungen auf, wobei die Tendenz in den vergangenen Jahren eine steigende ist. Diese können sich jedoch in ihrer Ausprägung und Symptomatik von den Störungen im Erwachsenenalter deutlich unterscheiden. Es können hier nur kurze Beispiele genannt werden. Der Vollständigkeit halber empfehle ich daher die genaue Auseinandersetzung mit den gängigen Diagnose- und Krankheitskatalogen. Insgesamt ist zu bedenken, dass die Bedeutung einer bestimmten Symptomatik als Störung selbstverständlich natürlich immer sehr vom jeweiligen Entwicklungsstand des Kindes abhängt. Besonderheit der Kinder- und Jugendpsychiatrie (KJP) äußerst sich darin, dass Eltern und Familie bzw. entsprechende Bezugspersonen wie Sozialpädagogen, Lerntherapeuten, LehrerInnen, Theologen, Ergothera-peuten, Psychotherapeuten etc. eine große Be-deutung haben. Dies gilt sowohl bei der Befund-erhebung als später auch in der konkreten Behand-lung der jeweiligen Störungen. Von einem Krankheits-wert spricht man dann, wenn die Störungen über das im jeweiligen Entwicklungsstadium „Normale" recht deutlich hinausgeht und dies somit einen deutlichen Leidensdruck zur Folge hat. (Weibliche und diverse Berufs-Bezeichnungen implizit).

Aufmerksamkeitsdefizit-Hyperaktivitäts-Störung (ADHS)

Die ADHS ist vor allem gekennzeichnet durch eine extreme motorische (hier: bewegungsbezogene) Unruhe und eine Art der Getriebenheit, welche in vielen Situationen auftritt. So beispielsweise indem exzessiv geredet, gelärmt oder gezappelt wird. Zudem zeigen die Betroffenen eine gestörte Aufmerksamkeit in Form von äußerst geringer Konzentrationsfähigkeit, häufigem Wechsel der jeweiligen Tätigkeit, ausgelöst durch eine gestörte Impulskontrolle geringe Frustrationstoleranz und hohe Ablenkbarkeit, also einer geringen individuellen Kompetenz sich gegen Ablenkungen zur Wehr zu setzen. Die Kombination dieses spezifischen Krankheitsbilds führt häufig zu ausgeprägter Frustration. Die Symptome beginnen sehr häufig in den ersten fünf Lebensjahren und überdauern zeitlich, bei über 30% besteht die Störung eben dann auch noch im Erwachsenenalter. Durch die typische Unaufmerksamkeit kommt es leider gehäuft zu diversen Gefährdungen und Unfällen. Außerdem sind häufig soziale Probleme zu beobachten, da sie, sekundär, wesentlich häufiger als Kinder ohne diese Störung, in Konflikte mit Mit-schülern, Lehrern etc. geraten. Hieraus kann dann verständlicherweise ein „Teufelskreis" erwachsen, so dass professionelle Hilfe angezeigt ist.

Im Jugendalter verlagert sich die Problematik oft ein wenig, zum Teil sogar erheblich. So verringert sich oft die motorische Unruhe in vielen Fällen, während die erhöhte Impulsivität und verringerte Aufmerksamkeit jedoch leider bestehen bleiben. Hieraus resultiert ein erhöhtes Risiko beispielsweise für Drogenkonsum, für Verkehrsunfälle oder auch für Delinquenz. Etwa 3% - 5% aller Kinder sind betroffen, Jungen dabei etwa 3 - 8-mal so häufig wie Mädchen.

Die Herkunft der Störung ist noch unklar, neben genetischen Faktoren spielen möglicherweise auch z.T. genetische Dispositionen, Veränderungen oder unterschiedliche Geburtskomplikationen, Probleme im Gehirnstoffwechsel oder Ähnliches eine Rolle. Wissenschaftlich wird dies derzeit noch diskutiert. Therapiert wird die AD(H)S dabei zum einen, verhaltenstherapeutisch, durch einen konsequenten Erziehungsstil und pädagogische bzw. lerntherapeutischen und kinderpsychotherapeutischen, sowie ergotherapeutischen Maßnahmen, welche Dauer und Qualität der jeweiligen pers. Konzentrationsfähigkeit verlängern und verbessern möchten. In einigen Fällen, vor allem wenn nicht-medikamentöse Therapien keinen Erfolg erzielen, werden auch Medikamente eingesetzt. (Vgl. hierzu beispielsweise den Wirkstoff Methylphenidat, welcher in vielen Arzneimitteln zur Behandlung von AD(H)S enthalten ist. Bsp.: Ritalin).

Störung des Sozialverhaltens

Eine Besonderheit bei dieser Störung sind die gehäuft auftretenden Komorbiditäten. Diese Störung ist eine beständig andauernde Ansammlung von dissozialem, aggressivem und / oder aufsässigem Verhalten. Die betroffenen Kinder streiten z.B. häufig. Sie leiden oft unter einer sehr gestörten Impulsivität, mangelnder Frustrationstoleranz oder Selbstkontrolle, aber auch mit massiven Wutausbrüchen, treten ihren Bezugspersonen gegenüber aggressiv auf, lügen und halten sich nicht an Versprechungen oder sind grausam gegenüber anderen Kindern oder Tieren. Hierbei kann es zu Taten wie Körperverletzung, absichtlichen und gewollten massiven Zerstörung fremden Eigentums, absichtlichem Feuerlegen, Diebstahl und schweren disziplinarischen Problemen z.B. in der Schule einschließlich Schule schwänzen kommen. Häufig fehlen bereits sehr früh die Grundkompetenzen, die einen respektvollen Umgang miteinander überhaupt erst ermöglichen. Die Störung des Sozialverhaltens tritt sehr häufig gemeinsam mit anderen psychischen Störungen des Kindes- und Jugendalters wie ADHS, Entwicklungsstörungen oder Drogen- Substanz- bzw. Alkohlmissbrauch auf.

Betroffen sind etwa zwischen 2% und 12% aller Kinder, darunter vorwiegend Jungen, wobei sich die Störung häufig über viele Jahre sehr stabil und häufig auch leider recht resistent zeigt. Therapeutisch können Einzeltherapien der Kinder oder Familientherapien durchgeführt werden. Die Stabilität der Störung im Sozialverhalten ist leider sehr hoch. Es ist davon auszugehen, dass etwa 40% der in der Grundschule auffällig gewordenen Schüler auch noch im Jugend- und Erwachsenenalter deutliche Störungen des Sozialverhaltens auftreten. Hier wird dann häufig zusätzlich zu psychosozialen Präventionsmaßnahmen zu einer Behandlung mit spezifischen Medikamenten gegriffen.

Angststörungen

Ängste sind v.a. im Kindesalter ein relativ häufiges Phänomen. Viele Kinder zeigen Angst vor bestimmten Situationen oder Objekten (sog. „phobische Ängste"), z.B. vor Gewittern, vor Spinnen, vor Hunden oder vor der Dunkelheit. Bei 2% - 9% aller Kinder sind die phobischen Ängste so stark ausgeprägt, dass die Diagnose einer Phobie gestellt werden kann. Neben den phobischen Ängsten ist die Trennungsangst die wichtigste Angststörung des Kindes- und Jugendalters, unter der 3% - 5% aller Kinder leiden. Die betroffenen Kinder weigern sich, ihre Bezugspersonen zu verlassen bzw. leiden unter großen Ängsten, wenn sie dies doch tun. Das führt in der Regel zum Verweigern des

Schulbesuches. Kinder mit Trennungsangst sind häufig schon im Kleinkindalter sehr anhänglich und gehen z.B. nicht gerne in den Kindergarten. Schwere Trennungsängste werden häufig ausgelöst durch das Erleben eines Verlassenseins (z.b. Verlorengehen im Kaufhaus) oder durch schwierige familiäre Situationen (z.b. drohende Trennung der Eltern). Während bei der Trennungsangst die Angst vor der Trennung von den Eltern im Vordergrund steht, haben bei der davon abzugrenzenden Schulangst die Kinder vor der Schule Angst. Sie trennen sich zwar möglicherweise leicht, gehen dann jedoch eher nicht in die Schule. Diese zwei Angststörungen können leicht verwechselt werden, da u.U. bei beiden zunächst die Verweigerung des Schulbesuchs auffällt. Bei Angststörungen sollte auch geprüft werden, inwiefern hier posttraumatische Belastungsstörungen eine Rolle spielen können, da auch die post-traumatischen Belastungsstörungen mit diesen in Zusammenhang stehen können.

Komorbiditäten auch in Bezug auf andere Erkrankungen sind hier relativ häufig.

Genauer ist dies im ICD-10 für Kinder nachzulesen. (Multiaxiales Klassifikationsschema für psychische Störungen des Kindes- und Jugendalters nach ICD-10 der WHO: Mit einem synoptischen Vergleich von ICD-10 und DSM-IV)

Depression

Dem Krankheitsbild der Depression möchte ich an dieser Stelle mit ganz besonderer Aufmerksamkeit begegnen. Aus diesem Grund beziehe ich mich im Folgenden auf die wertvollen Ausführungen des Psychiatrienetzes Deutschland. Der folgende Text ist (mit Genehmigung) unverändert vom Psychiatrienetz übernommen und abgedruckt.

http://www.psychiatrie.de/bapk/kinder/krankheitsbil der/depression/*Leichte depressive Verstimmungen bis hin zu schweren depressiven Störungen gehören zu den häufigsten psychischen Erkrankungen, unter denen Kinder und Jugendliche leiden. Die Erkrankung kann bereits im Kindesalter beginnen, kann chronisch verlaufen und die Entwicklung des Kindes erheblich beeinträchtigen. Das Risiko, an einer Depression zu erkranken, liegt bei Kindern im Vor- und Grundschulalter unter 2 Prozent, steigt bei Jugendlichen jedoch deutlich an. Die Erkrankung kann in der Regel gut behandelt werden. Das jeweilige Erscheinungsbild der Krankheit kann gerade bei Kindern und Jugendlichen sehr unterschiedlich und vielschichtig sein und weist hierbei besondere alters- und entwicklungs-abhängige Besonderheiten auf. Generell gilt: Je jünger die Kinder sind, umso schwieriger ist eine Depression zu erkennen.*

Häufig zeigen sich die depressiven Symptome im Kindes- und Jugendalter nicht allein in einer eher melancholischen Grundstimmung mit Traurigkeit, Interesselosigkeit, Hoffnungslosigkeit, Grübeln oder Antriebslosigkeit, sondern sind hinter körperlichen Symptomen oder auch hinter anderen Verhaltensauffälligkeiten verborgen.

Bei Kindern treten depressive Erkrankungen oft zusammen mit Aggressivität, Unruhe, Ablenkbarkeit und zudem Konzentrationsschwierigkeiten auf. Auch Trennungs- und Schulängste sowie soziale Ängste sind in dieser Altersgruppe oft zeitgleich vorhanden. Bei Jugendlichen tritt eine Depression dagegen häufig im Zusammenhang mit Essstörungen sowie Alkohol- und Drogenproblemen auf.

In diesen Fällen werden häufig die anderen, meist auffälligeren Störungen erkannt, während hingegen die depressiven Symptome übersehen werden. Zudem ist oft schwer zu beurteilen, welche Phänomene Ausdruck der sog. „normalen" Entwicklung sind – insbesondere in der Pubertät, in der die Stimmung ebenfalls schwanken oder sich das Verhalten ändern kann.

Trotz dieser Schwierigkeiten ist das frühzeitige Erkennen einer Depression besonders wichtig, da viele

Betroffene ihre Situation als so hoffnungslos empfinden, dass sie den Gedanken sich selbst zu töten als einzigen Ausweg sehen. Die Äußerung solcher Gedanken oder auch versteckte Hinweise müssen immer ernst genommen werden. Bei Jugendlichen ist die Selbsttötung die zweithäufigste Todesursache nach Verkehrsunfällen.

Dennoch ist eine Depression kein Grund, die Hoffnung aufzugeben. Je früher sie erkannt und mit einer Behandlung begonnen wird, desto größer sind die Chancen, die Erkrankung zu bewältigen und Nachteile für das weitere Leben zu vermeiden.

Merkmale der Depression im Kindes- und Jugendalter

Während der Pubertät kann vielen Jugendlichen über einen kürzeren oder längeren Zeitraum die innere Balance verloren gehen.

Dies zeigt sich beispielsweise in z.T. enorm starken Stimmungsschwankungen von himmelhoch jauchzend bis hin zu Tode betrübt, Gereiztheit, Verschlossenheit, Langweile oder Grübeleien, Unzufriedenheit mit sich und der Welt. Ähnliche Merkmale werden als Symptome einer Depression genannt. Die Grenzen zwischen normaler Entwicklung und depressiver

Symptomatik sind fließend – und darin besteht die Schwierigkeit für eine eindeutige Diagnose.

Dies führt dazu, dass Depressionen im Kindes- und Jugendalter oft nicht oder sehr spät erkannt werden. Aber: Eine Depression ist eine Erkrankung, die ernst genommen werden muss!

Das Erscheinungsbild der Krankheit kann gerade bei Kindern und Jugendlichen sehr unterschiedlich und vielschichtig sein. Daher sollten natürlich niemals voreilige Diagnosen gestellt werden.

Es gibt aber einige übereinstimmende Merkmale depressiver Erkrankungen in der Kindheit und im Jugendalter.

Bitte beachten Sie, dass die nachfolgend genannten Merkmale nur Hinweise auf eine Depression sein können und nicht alle gleichzeitig auftreten müssen. Eine Diagnose kann nur von einer Ärztin / einem Arzt gestellt werden! Dennoch dürfen und sollen Sie selbstverständlich selbst ihre Beobachtungen machen!

Sie beinhaltet auch den Ausschluss körperlicher Ursachen der depressiven Symptome wie z.B. Schilddrüsenfunktionsstörungen. Eine sehr genaue, differenzierte Vorüberprüfung ist unabdingbar!

- *anhaltende Traurigkeit, manchmal jedoch auch Reizbarkeit*
- *anhaltende und auffällige Interesselosigkeit oder Freudlosigkeit*
- *Schlaflosigkeit oder Zuviel Schlaf*
- *vermehrter oder verringerter Appetit*
- *anhaltende Müdigkeit*
- *Schuldgefühle, Gefühl von Wertlosigkeit*
- *Konzentrations- und Entscheidungsschwäche*
- *Schwierigkeiten, konstruktiv mit Problemen umzugehen, stattdessen Rückzug, Alkohol- oder Drogenmissbrauch*
- *Gedanken, nicht mehr leben zu wollen; Äußerung von Suizidabsichten*
- *Depressionen in der Familie*
- *Erfolgte und versuchte Suizide in der Familie*

Risikofaktoren / Schutzfaktoren

Die Gründe für die Entstehung einer Depression sind vielfältig und noch nicht endgültig geklärt. Die Wissenschaft geht heute davon aus, dass das komplexe Zusammenwirken bestimmter biologischer (genetischer), soziokultureller und psychologischer Faktoren zur Entwicklung einer Depression beitragen kann.

Die Bedeutung dieser Faktoren wird in den verschiedenen Modellen jedoch unterschiedlich gesehen. Alle drei Bereiche bieten Ansatzpunkte zur Erklärung, Behandlung und zur Bewältigung einer Depression. Es gibt depressive Episoden, die ohne erkennbaren äußeren Anlass auftreten, aber auch solche mit einem Auslöser. Schwerwiegende äußere Umstände können die Belastungsfähigkeit eines Kindes oder Jugendlichen überschreiten und die Entstehung einer Depression begünstigen.

Doch natürlich erkrankt nicht automatisch jeder, der einschneidende Lebensereignisse zu verkraften hat, denn es gibt auch viele Schutzfaktoren, die vor allem jungen Menschen helfen, solche Erlebnisse zu bewältigen.

Mögliche Auslöser (Risikofaktoren):

- *sehr viel Streit, z.B. mit den Eltern, der Eltern untereinander oder mit Freunden*
- *fehlende Unterstützung und Zuwendung bzw. Wertschätzung*
- *Trennung der Eltern; Auseinanderbrechen der Familie*
- *Liebeskummer; unerwünschte Schwangerschaft*
- *kein beschützender, sicherer Ort, an den sich der Jugendliche zurückziehen kann*

- *schwere Erkrankung oder Tod einer wichtigen Bezugsperson*
- *Erfahrungen mit Gewalt oder Missbrauch*
- *Umzug mit Schulwechsel*
- *Versagen in der Schule oder Verlust des Arbeitsplatzes, Armut*
- *Genetische Disposition*

Schutzfaktoren (Resilienzfaktoren):

- *Stabile Beziehungen innerhalb der Familie*
- *Verlässliche Freunde*
- *Persönlichkeitsfaktoren wie: Selbstvertrauen,*
- *Konfliktfähigkeit, Optimismus*

Folgen einer Depression im Kindes- und Jugendalter

Wie schwerwiegend die Folgen einer Depression im Kindes- und Jugendalter sind, hängt von dem Schweregrad, der Dauer und dem Alter der oder des Betroffenen ab.

Besondere bei Jugendlichen besteht ein deutlich erhöhtes Risiko, dass die Depression zu konkreten Gedanken an eine Selbsttötung führt oder Suizid-Versuche unternommen werden. Hier gilt die unbedingte Notwendigkeit einer erhöhte Achtsamkeit seitens der Umwelt / des Umfeldes.

> Die Selbsttötung gehört zu den häufigsten Todesursachen im Jugendalter.

Körperliche Folgen

Depressionen gehen oft mit zahlreichen körperlichen Beschwerden einher.

Dazu gehören insbesondere bestimmte, spezifische psychosomatische Störungen wie z.B. Kopf- oder Bauchschmerzen ohne organische Ursache, aber auch bspw. Gewichtsverlust und Schlafstörungen. Eine sehr genaue Abklärung durch (am besten mehrere) entsprechende Fachärzte ist von ganz außerordentlicher Wichtigkeit. Nur so können kindliche Depressionen von anderen Erkrankungen abge-grenzt werden.

Seelische Folgen

Angsterkrankungen und Hyperkinetische Störungen (ADHS) treten häufig neben einer Depression auf. Auch Essstörungen und extrem unangepasstes Verhalten (Rowdytum) stehen oft in Zusammenhang mit einer Depression.

Entwicklungsstörungen / Spätfolgen

Depressionen können die altersgerechte Entwicklung von Kindern und Jugendlichen behindern. Zudem haben sie ein deutlich erhöhtes Risiko, auch im Erwachsenenalter vermehrt unter ausgeprägt negativen Stimmungen bis hin zur Depression zu leiden.

Suizidalität

Depression geht sehr häufig mit Suizidalität einher. Während Suizide im Kindesalter eher selten sind, nimmt ab dem Alter von 15 Jahren die Suizidrate kontinuierlich zu. Ein erhöhtes Risiko besteht bei Jugendlichen, die bereits einen Suizidversuch hinter sich haben, und auch dann, wenn Suizide oder Suizidversuche in der Familie oder im Freundeskreis bereits vorgekommen sind (Modellcharakter). (Quelle: Psychatrienetz)

Suizidandrohungen sollten immer äußerst ernst genommen werden!!!!

Behandlung

Der Behandlungsplan sollte immer an die individuelle Lebens- und Entwicklungssituation des Kindes angepasst sein, d.h. Alter, schulisches und familiäres Umfeld berücksichtigen. Die Eltern der betroffenen

Kinder müssen immer mit einbezogen werden. Fast alle depressiven Kinder und Jugendliche können ambulant behandelt werden. Die Behandlung einer Depression kann folgende Bausteine umfassen (...)

Hinweis: an dieser Stelle möchte ich (Autorin) die Lektüre zusätzlicher, ganz spezifischer Fachliteratur dringend empfehlen. Es sollten dabei möglichst viele Informationen über dieser Erkrankung bekannt sein, da speziell diese Erkrankung immer wieder falsch aufgefasst wird. Ich habe persönlich Profis erlebt, die das Ausmaß einer depressiven Erkrankung selbst nicht in ihrem gesamten Ausmaß erfassen konnten!

Erste Anlaufstelle

Erste Anlaufstelle für Eltern ist meist der Kinder- oder Hausarzt, der das Kind und die Familie schon länger kennt und Veränderungen einordnen kann. Er kennt auch Spezialisten, die weiterhelfen können.

Das sind z.B. Kinder- und Jugendpsychiater und Kinder- und Jugendlichenpsychotherapeuten.

Außerdem sind einige Erziehungs- und Familien-beratungsstellen sowie Schulpsychologen für die Behandlung von psychisch kranken Kindern und Jugendlichen ganz besonders qualifiziert.

Psychotherapie

Zur Therapie depressiver Störungen im Kindes- und Jugendalter stehen derzeit im Wesentlichen psychotherapeutische Maßnahmen zur Verfügung.

Hier kommen, je nach Symptomatik, unterschiedliche Therapieformen in Betracht, meist eingebettet in Familienberatung oder auch familientherapeutische Maßnahmen.

Die Wirksamkeit der „kognitiven Verhaltenstherapie" gilt als wissenschaftlich gesichert und allgemein anerkannt. Inhalte einer kognitiven Verhaltenstherapie können sein: Abbau belastender Faktoren und Aufbau positiver Aktivitäten; Förderung und die Bewusstmachung vorhandener Fähigkeiten und Stärken (Ressourcen); bspw. Training sozialer Kompetenzen; konkretes Erlernen von Problemlösungsstrategien; Erkennen und Abbau negativer Gedanken; Steigerung von Selbstsicherheit und Selbstwertgefühl.

Medizinische Behandlung

Zusätzlich kann die Behandlung der Depression mit Medikamenten sinnvoll und auch unbedingt notwendig sein, insbesondere bei schweren Verlaufsformen. Der eigentlichen Behandlung sollte die aus-

führliche Aufklärung sowohl des Kindes als auch der Eltern vorausgehen.

Ergänzende Therapien

Entspannung, Körperwahrnehmung, Spieltherapie; Bewegung, frische Luft, Sonnenlicht

Selbsthilfe

Selbsthilfeangebote für Betroffene sind kaum bekannt; sie können eine Behandlung auch niemals ersetzen. Selbsthilfeangebote für Angehörige bieten die Möglichkeit, sich mit anderen Eltern oder Angehörigen auszutauschen.

Hinweis: Bitte nehmen Sie solche Möglichkeiten unbedingt wahr! Eine Depression ist für alle Familienmitglieder von Relevanz. Es ist wichtig, dass Sie sich möglichst viel Unterstützung in dieser Sache holen!

Tipps für Eltern und andere Angehörige

- Wenn Sie eine Depression bei Ihrem Kind vermuten, verschließen Sie nicht die Augen! Viele Eltern macht die Krankheit hilflos.

WICHTIG! Sprechen Sie darüber, holen Sie sich Hilfe wo immer es geht.

- *Ein depressives Kind ist nicht faul, aggressiv oder unerträglich, weil es so sein will; es ist krank und benötigt Hilfe. Informieren Sie sich über die Erkrankung (Broschüren, Beratungsstelle) und machen Sie sich klar, dass eine Depression meist gut behandelbar ist, aber selten von alleine heilt.*
- *Ein depressives Kind ist kein Grund, an seinen elterlichen Fähigkeiten zu zweifeln, es ist aber ein Grund, fachliche Hilfe in Anspruch zu nehmen. Grundsätzlich gilt daher: Je früher die Behandlung beginnt, desto besser.*
- *Eine Depression wirkt sich nicht nur auf das betroffene Kind aus sondern auf das gesamte Familiengefüge. Schuldzuweisungen der Partner untereinander sowie gegenüber dem Kind sind nicht hilfreich. Versuchen Sie stattdessen, Wege zu suchen, die aus der Situation herausführen und dem Kind helfen. Handeln Sie, wenn irgend möglich, nicht über den Kopf des betroffenen Kindes hinweg.*

Wichtig!

- *Führen Sie mit Ihrem Kind, das verzweifelt ist und ggf. auch selbstgefährdendes Verhalten*
- *zeigt, ein ruhiges und vertrauensvolles Gespräch unter vier Augen. Teilen Sie dem Kind mit, dass*

Ihnen Veränderungen aufgefallen sind und Sie sich deshalb Sorgen um sein Wohlbefinden machen. Wenn Sie sich unsicher sind, geben Sie dies auch zu. Es ist wichtig, das Kind Ihre Fürsorge deutlich spüren zu lassen ohne sich jedoch aufzudrängen.

- Haben Sie Geduld und erwarten Sie nicht zuviel von einem ersten Gespräch. Versuchen Sie, nicht sofort nach Lösungen zu suchen, sondern erst einmal zuzuhören und mehr zu erfahren.

- Unterstützen Sie das Kind, aber achten Sie darauf, ihm nicht alles abzunehmen. Überlassen Sie ihm eine gewisse Eigenverantwortung. Motivieren Sie es, eine Ärztin / einen Arzt oder eine Beratungsstelle aufzusuchen.

- Wenn Sie befürchten, dass das Kind sich mit Gedanken an eine Selbsttötung beschäftigt oder gar einen Suizidversuch unternommen hat, zögern Sie nicht, ärztliche Hilfe in Anspruch zu nehmen oder veranlassen Sie die Aufnahme des Kindes in eine kinder- und jugend-psychiatrische oder psychosomatische Klinik, notfalls auch gegen seinen Willen. Beachten Sie jedoch, dass die letztliche Klinikeinweisung nur durch eine Ärztin / einen Arzt erfolgen kann.

- In Krisensituationen können Sie sich an den "Sozialpsychiatrischen Dienst" wenden, den es in jeder Stadt bzw. in jedem Kreis gibt, oder auch *an den Rettungsdienst oder die Polizei. Es kann hilfreich sein, die Telefonnummern für Notfälle griffbereit zu haben.*

- *Akzeptieren Sie, dass Sie die Erkrankung Ihres Kindes nicht behandeln können. Überlassen Sie die Therapie den Fachleuten (Arzt/Ärztin, Psychotherapeut/in). Lassen Sie sich über Art und Ziele der Behandlung informieren. Wenn Sie die Therapie unterstützen, kann die eine wertvolle Hilfe sein.*

- *Versuchen Sie, trotz aller Sorgen, dass die Erkrankung des Kindes nicht beherrschend für die ganze Familie wird. Gönnen Sie sich Auszeiten zum Auftanken und übersehen Sie nicht, dass Ihr/e Partner/in und Geschwisterkinder eigene Bedürfnisse haben. Schenken Sie auch ihnen Aufmerksamkeit und Zeit.*

✳Hinweis: Ich (Autorin) habe dies bereits weiter oben angedeutet. Gerade auch der letztgenannte Punkt an dieser Stelle sollte nicht zu kurz kommen. Eine Depression bzw. die Begleitung eines depressiven Menschen geht an die Substanz. Nehmen Sie dies bitte nicht auf die „leichte Schulter". Es ist für Sie als Angehörige mit Sicherheit oft schmerzhaft; man sieht sich mit Gefühlen von Hilflosigkeit und Ohnmacht, der Angst der Angehörigen und einer Reihe weiterer negativer Emotionen konfrontiert. Hier gilt es für einen Ausgleich zu sorgen und nach persönlichen „Inseln" im Alltag zu suchen. Ich habe es weiter oben bereits angedeutet und ich möchte es an dieser Stelle noch einmal etwas ausführlicher darstellen. Hierzu muss ich etwas weiter ausholen. Nach wie vor wird diese Erkrankung von der Durchschnittsbevölkerung leider nicht in dem erkannt was sie tatsächlich ist, nämlich eine häufig tödlich verlaufende, sehr schwere psychische Erkrankung, die sich auf alle Bereiche des Lebens auswirkt; auch körperliche Prozesse sind hiervon betroffen. Zwar gibt es unterschiedliche Ausprägungen in der Schwere einer jeweiligen Erkrankung, doch selbst eine „leichte" Form der Depression geht weit über das hinaus was wir umgangssprachlich mit dem Gefühl von Traurigkeit oder Melancholie assoziieren. Einige der Betroffenen äußern, dass sie lieber ein Körperteil amputiert hätte (z.B. einen Arm), als mit dieser Erkrankung zu leben.

Bitte führen Sie sich das genau vor Augen!

Die Erkrankung wird von der Umwelt häufig nicht als das erkannt was sie tatsächlich ist. Die Tragweite und Schwere dieser Erkrankung ist oft schwer zu ermessen.

Vielleicht hängt es auch damit zusammen, dass es häufig mit eigenen Erfahrungen verglichen wird, zum

Beispiel mit dem Gefühl von Niedergeschlagenheit nach einem Todesfall oder einem „emotionalen Durchhänger", um es umgangssprachlich zu formulieren. Bei der Trauer um eine geliebte Person gibt es zwar Parallelen was das Erleben betrifft, dennoch ist von einer grundsätzlich völlig anderen Erkrankung zu sprechen wenn von Depressionen (egal in welcher Ausprägung) die Rede ist.

Bestimmte körperliche Veränderungen wie z.B. vermehrtes Schwitzen, vermehrter oder verringerter Appetit, bspw. vermehrtes oder ein eher bis sehr verringertes Schlafbedürfnis bzw. Schlafvermögen zeigen schon auf rein körperlicher Ebene deutliche Abweichungen von dem Bild einer nicht von Depressionen betroffenen Person, die lediglich über gelegentliche Niedergeschlagenheit klagt.

Auch die gelegentliche Niedergeschlagenheit muss ernstgenommen werden, doch rechtfertigt das nicht das Ausmaß, in welchem Depressionen im klinischen Sinn mit dem was man im Alltäglichen „Depression" nennt, vermengt wird. Der innere Schmerz und der Sog, die Versuchung diesen Schmerz beispielsweise durch einen Suizid zu beenden kann schwerlich von einem Menschen nachvollzogen werden der diese Erfahrung nie gemacht hat. Zumeist wird er, auch heute, noch verwechselt mit einem kurzen Zustand von Niedergeschlagenheit, die, in diesem Sinn, wohl jeder bereits mindestens einmal in seinem Leben erlebt hat.

Nicht selten hört man „Ratschläge", häufig gepaart mit der Forderung man solle sich „zusammenreißen" oder werden mit dem Hinweis, dass auch andere Menschen „Probleme" hätten, versehen.

Die besondere Härte dieser Erkrankung, gepaart mit dem häufigen Unverständnis der Umwelt, macht es auch für Angehörige schwer. Auch sie werden ab und an von diesen „Ratschlägen" seitens der Umwelt konfrontiert.

Umso wichtiger ist es, als Angehöriger für sich selbst einen Raum zu schaffen in dem sie ganz für sich selbst wieder Kraft schöpfen können. Diese Liste(n) der hiergenannten Erkrankungen und Störungen sind keinesfalls vollständig.

Sie sind hier lediglich insofern einleitend genannt als sie im Verlauf in literarischer Form wieder aufgegriffen werden sollen. Die Auseinandersetzung über den „Umweg" der Geschichte gestaltet sich für einige Kinder als besonders hilfreich, sodass ich aufgrund dessen einige der genannten Erkrankungen literarisch umgesetzt habe. Auf diese Art sollen „Impulse" gegeben, und Gesprächsmöglichkeiten geschaffen werden. Es kann dabei sowohl direkt als auch indirekt vorgegangen werden.

Als Therapeutin / Therapeut werden Sie selbst ein Gespür dafür haben, inwiefern sich dies bei Ihren jeweiligen Patientinnen und Patienten / Klientinnen oder Klienten als sinnvoll erweisen könnte. Auch bei der Bibliotherapie gilt natürlich, dass sie nicht unbedingt für jeden geeignet sein kann.

Es soll hier daher der Versuch unternommen werden die Möglichkeiten zu erweitern, sie anzubieten.

Inwiefern sie aufgegriffen werden können steht nicht in unserer Macht, welche als Therapeut / Therapeutin ja ebenfalls begrenzt ist.

Doch soll dieses Buch einen Beitrag leisten der dazu führen soll, dass möglichst viele Angebote gemacht werden können, in der Hoffnung, die Hilfesuchenden begleiten und ermutigen zu können.

* Zusätzliche Anmerkung: Für viele Kolleginnen und Kollegen ist dies bereits alles bekannt.
Ich bitte nachzusehen, dass ich es in Anbetracht der immensen Wichtigkeit gerade auch für die Menschen wiederhole, die sich von der Erkrankung bedroht und erdrückt fühlen, und denen Informationen möglicher-

weise erst einmal sehr weiterhelfen können.

Bei Anregungen, Kritik und auch bei Verbesserungs-vorschlägen kontaktieren Sie mich bitte.

Einen Austausch halte ich für sehr wichtig.

Auch Ihre persönlichen und beruflichen Erfahrungen mit Bibliotherapie, die von Ihnen erlebten Chancen und Grenzen interessieren mich.

Bitte zögern Sie nicht Ihre Erfahrungen mitzuteilen.

Als Franz Kafka seinen so berühmt gewordenen Satz schrieb: *„Ein Buch muss die Axt sein für das gefrorene Meer in uns"*, war er bereits ein visionärer Vorreiter für die heutige Form der klinischen Bibliotherapie, welche, wie bereits angedeutet aus zahlreichen Ansätzen und vielen Möglichkeiten besteht.

Dieses Anliegen, diese Vision im Sinn der Kinder- und Jugendlichen-Bibliotherapie zu verbinden, sie zu verknüpfen und in der Praxis weiter zu entwickeln, empfinde ich als eine ausgesprochen lohnenswerte Aufgabe.

Vor allem wenn man bedenkt, dass sich Depressionen statistisch gesehen zu einer Volkskrankheit aus-wächst, was es nötig macht dieser Entwicklung intra- und interdisziplinär möglichst viele, wirksame Wege entgegenzusetzen.

Bibliotherapie – Zum therapeutischen Vorgehen

Bitte alle Kapitel zunächst selbst lesen um zu beurteilen, was Ihrer Ansicht nach dem jeweiligen Kind im Einzelfall zuzumuten ist. Es werden auch sehr belastende Themen angesprochen, so wie psychische Erkrankungen von Elternteilen, Geschwistern oder Freunden, schwere körperliche Erkrankungen und der enorm schwierige, belastende Verlust von Familienangehörigen. Wie ich ja bereits im Vorwort erwähnt habe, kommt es auf den Einzelfall an. In manchen Fällen kann es einem Kind, das ähnliche Lebenserfahrungen gemacht hat, die Türe öffnen und es ermutigen sich selbst zu öffnen und über diese Dinge zu sprechen. Bei anderen Kindern wiederum kann es Ängste verstärken, insbesondere dann, wenn es sich um psychisch vorbelastete / vorerkrankte Kinder handelt. Zwar werden Kinder heute über die Medien bereits an alle diese Themen herangeführt. In Kinderbüchern wie *„Harry Potter"* oder auch in antiken Geschichten oder unterschiedlichen Märchen werden viele existentielle Themen zum Teil sehr drastisch dargestellt, von den Bildmedien ganz zu schweigen. Dies soll jedoch keine einseitige Kritik an diesen Büchern und Medien sein. Vielmehr ist m.E. der Umgang mit ihnen entscheidend. Hier kommt es, wie bereits erwähnt, auf die Erfahrung und auf das Fingerspitzengefühl des Therapeuten / der Therapeutin an. Die gründliche Auseinandersetzung mit den nachfolgenden Geschichten kann, auch für Therapeutinnen und Therapeuten, ein solches Gefühl stärken. Dies soll zugleich auch das Ziel dieser Sammlung sein – sei es für den Leiter / die Leiterin oder eben das betroffene Kind, die betroffene Familie (s.o.). Der Umgang und die Unterstützung durch Erwachsene bei der jeweiligen Verarbeitung des Gelesenen oder des Gesehenen begleitet werden kann.

So liegt es daher heute zunehmend und zusätzlich in der Hand von Erwachsenen Kinder mit diesen Themen nicht allein zu lassen, sondern ihnen im Gespräch oder in sonstiger Form ein Angebot zu machen, eine Hilfestellung zur Verarbeitung zu geben. In besonderem Maß gilt dies auch für den therapeutischen Kontext. Das thematisch an unterschiedlichen Stellen immer wieder auftauchende Bild des Waldes dient hier als Ressource für den / die jeweiligen Protagonisten.

Alternativ wird die See genannt. Natürlich ist auch das nur eine Anregung.
Wie jeder Mensch sich aber vom anderen grundsätzlich unterscheidet so wird auch das, was er als Ressource erlebt zutiefst individuell sein. Das Gleiche gilt für den Sinn, den jeder für sich selbst entwickeln muss. Darauf möchte ich mich auf Viktor E. Frankl beziehen. Seine Aussage, wonach jeder *Sinn ad situationem et ad personam* sei, zeigt meines Erachtens sehr deutlich, dass wir niemandem unsere Über-zeugung, unseren Sinn „überstülpen" dürfen. Daher sind all die hier genannten Sinn-Entwürfe ebenfalls als Vorlagen, als potentielle Möglich-keiten gesehen. Diese sollen vor allem dazu dienen, die Spielräume und die jeweiligen Handlungsmöglichkeiten und Sinnentwürfe des Einzelnen, der Einzelnen zu vergrößern, zu

erweitern, im Austausch zu ermöglichen.

Zu meiner ganz persönlichen Vorgehensweise möchte ich ergänzen, dass ich mich inhaltlich sehr an Viktor E. Frankl orientiere.

Seine Arbeit bezieht sich natürlich nicht ausdrücklich auf die Bibliotherapie, doch die von ihm transportierte Haltung fasziniert mich bereits seit vielen Jahren immer wieder neu. Am Ende seines Lebens zog Frankl folgendes Resümee:

„Wenn ich die Frage beantworten müsste worauf es im Leben ankommt, oder retrospektiv ge-sprochen, worauf es ankam dann fallen mir Momente ein. Momente in denen jemand für einen da war oder Momente in denen man für andere da war. Besonders die Momente, in denen die Tatsache, dass jemand da war das Wichtigste überhaupt war. Oder die Momente in denen viel Aufhebens um einen gemacht wurde oder man das gleiche mit jemand anderem getan hat. Das Gefühl von Wert und Wichtigkeit vermittelt zu bekommen oder zu vermitteln. Oder auch mitzu-bekommen wie sie jemand anderem vermittelt werden. Mitzuerleben wie hoch Leben einge-schätzt wird und welchen unschätzbaren Wert es hat – auch über den Tod hinaus. Das ist es was

übrig bleibt. Zumindest für mich. Und in dieser Hinsicht habe ich bereits viel erfahren und ich konnte es in bestimmten Situationen weitergeben. Ich bin davon überzeugt, dass dies eine heilende Wirkung auf jeden Menschen hat und dass beinahe jede Kränkung auf eben dem Gegenteil dieses Prinzips beruht. Dem Prinzip, den anderen in seinem Wert zu bestätigen und anzunehmen. Dabei ist das keine neue Erkenntnis. Man kann es in der Bibel nachlesen, in den Werken der Philosophie und der Literatur. Aber erst wenn man es selbst erfahren konnte wird einem bewusst, wirklich bewusst, dass dieser Wert alles überdauert. Das Schlimmste was es gibt ist es wenn man nicht geliebt wird oder nicht liebt. Dies halte ich für schlimmer als jede Krankheit, schlimmer als Armut. Jemand der weiß, dass er geliebt wird kann glücklich in dieser Welt sein und er kann auch glücklich von ihr gehen da er das Wichtigste in ihr entdeckt hat und erleben durfte. Das eben, worauf es ankommt weil es für einen Augenblick die Vereinzelung zwischen den Individuen wirklich aufhebt und dem Einzelnen eine Vorahnung davon gegeben wird, dass er Teil eines größeren Ganzen ist. Aufgehoben nach einem universellen Plan und niemals wirklich verloren." (Viktor E. Frankl)

Ich erwähne Professor Frankl eben aus diesem Grund, da er viel mit meiner Entwicklung hin zur Poesie/ -und Bibliotherapie zu tun hat. Es mag ein Nebengleis sein, doch halte ich eben diese Haltung von Frankl, in Kombination mit den ganz bestimmten, spezifischen Besonderheiten der Bibliotherapie, für eine enorm große therapeutischen Chance.

So habe ich mich auch aus diesem Grund dazu entschieden einige der therapeutischen Geschichten selbst zu verfassen, manchmal in Variationen, so dass ich damit recht gezielt und flüssig mit den Patienten ins Gespräch kommen konnte. Das bedeutet natürlich nicht, dass dies immer nötig wäre. Vielmehr reicht es sicherlich ebenso aus, entsprechende Bücher zu kennen und zu wissen wie sie einzusetzen sind. Der Grund warum ich begann, diese Bücher zu schreiben hängt bei mir außerordentlich stark mit Dr. Viktor E. Frankl zusammen. In meinen Therapie-

Sitzungen habe ich dies immer wieder aufgegriffen und eben aus diesem Motiv heraus damit begonnen zunächst kleinere Geschichten für Kinder, Jugendliche und Erwachsene zu schreiben.

Alle waren zuvor in meine Therapie- Praxis gekommen und hatten mir die Elemente ihrer persönlichen Probleme skizziert.

Aus diesen heraus entwickelte ich dann in symbolischer, bewusst verfremdeter und verdichteter Sprache Geschichten mit denen ich in den kommenden Stunden arbeitete. Gemeinsam mit den Patienten bearbeiteten wir schließlich diese Ge-schichten, modifizierten sie, schrieben sie weiter. Die schlichte Tatsache, dass ich so viel Zeit für „ihre" jeweiligen Geschichten aufwendete empfanden sie als durchweg positiv und heilsam.

In einer Zeit, in der zum Einen weder für den Einzelnen noch für individuell erzählte Geschichten Raum vorhanden zu sein scheint, erzielte gerade diese besondere Kombination, dieses von Viktor E. Frankl angedeutete „Aufhebens machen" einen stark positiven Effekt, der den/ die Anderen tatsächlich - allein schon wegen des Aufwands - in seinem Wert bestärkte.

Dies galt, nach meinen Beobachtungen und Erfahrungen, auch völlig unabhängig davon, ob die entsprechende Person sich in der entsprechenden Geschichte jeweils gänzlich wiederfand, ob Korrekturen oder Erweiterungen verlangt wurden etc. Doch das Hauptanliegen, der Hauptaspekt war die Konfrontation mit der unge-wohnten Situation und die Erfahrung, dass in einer Zeit der Hast und vermeintlichen Zeitnot sich eben jemand diese Zeit genommen hat um dem Anderen (auch im Sinn Martin Bubers) zu begegnen. Die Menschen fühlten sich (zurecht) wichtig genommen und somit sah ich für mich persönlich den Satz von Frankl bestätigt und er motivierte mich dazu, auch weiterhin den doch recht großen Zeitaufwand, der natürlich mit dem Schreiben langer und individueller therapeutischer Geschichten verbunden ist, auf mich zu nehmen, da ich davon ausgehe, dass hierdurch eine enorm fruchtbare therapeutische Arbeit gelingen kann. Selbstverständlich ist dies absolut nicht im Sinn eines verallgemeinerbaren „Rezepts" gemeint, auch ist es leider häufig aus organisatorischen Gründen nicht immer umsetzbar. Wichtig ist es mir an dieser Stelle lediglich, auf die dieser Idee immanente „Haltung" zu verweisen. Es sollte aber, so meine Hoffnung, zum Nachdenken über eher unübliche Wege in der Psychotherapie anregen. Beginnen möchte ich mit dem Hinweis auf Impuls-Bilder. Dies ist eine weitere, m.E. sehr spannende Möglichkeit Schreib-Impulse anzuregen.

Als Therapeut / Therapeutin werden Sie aber sicherlich auch bereits schon über eigene, bewährte Techniken verfügen. Um

die Möglichkeiten für die Patienten zu erweitern, erwähne ich all diese Wege, wohl
wissend, dass vieles Ihnen durchaus schon
bekannt sein dürfte. Sehr bin ich, das habe
ich bereits erwähnt, auch an Ihren
persönlichen und /oder therapeutischen
Erfahrungen interessiert und freue mich
auf Anregungen und auf einen fruchtbaren
kollegialen Austausch. Meine Adresse ist
hinten und vorne im Buch angegeben. Falls
möglich, versuche ich auf jedes einzelne
Schreiben zu antworten. Bitte haben Sie
Verständnis dafür falls sich eine Antwort
einmal zeitlich verzögert.

Allgemeine therapeutische Impuls-Bilder

(*Alle hier gezeigten Bilder sind von der Leipziger Künstlerin Anke Hartmann. Sie eignen sich, meiner Meinung nach ganz hervorragend als „Impuls-Bilder" für therapeutische Zwecke.)

Diese und vergleichbare Impulsbilder sollen / können unterschiedliche Schreibimpulse (an-) bieten. Es können sowohl lustige als auch traurige Bilder sein. Bilder, die Gefühle ausdrücken oder die eben einfach eine Gesprächsbrücke bauen können. Häufig können sie in der Therapie auch die Rolle eines „Eisbrechers" übernehmen.

* Diese und viele weitere Bilder sind auf dem Online-Shop (z.B. bei da Wanda) von Anke Hartmann käuflich zu erwerben. Eine ausführliche Liste ist bei ihr online einsehbar.

Themen der Texte nach Kapiteln

Kapitel 1) Abschied / Vertrauen / Trauer/ Acht-samkeit / Ausgrenzung/ Perspektivenwechsel…

Kapitel 2) Allein-Sein/ Stille/ Leere/ Depression…

Kapitel 3) Identität/ Verlassen-Werden/ Ohnmacht…

Kapitel 4) Unbehagen, Unwohlsein/ Erwartungsangst,

Kapitel 5) Kontrollverlust / möglicher Neuanfang,

Kapitel 6) Ressourcen, Coping, Reframing

Kapitel 7) Andere Bewertung der Situation…

Kapitel 8) Einstellung zum Tod erweitern

Kapitel 9) Sinnzusammenhänge für sich entdecken

Kapitel10) Mobbing / Strategien

Kapitel 11) Selbstschutz

Anhang / Hinweise / Auszug aus dem ICD-10
Hinweise zu weiterführender Literatur zu den oben genannten Themen und Themenbereichen.
Die Fortsetzungspunkte deuten an, dass hier nur ein Bruchteil erwähnt wurde. Jeder Leser / Jede Leserin wird für sich etwas Eigenes herauslesen. Ein Schwerpunkt ist dabei das Thema: „Kindheit und Depression" wobei es selbstverständlich nicht die Lektüre der ein-schlägigen Fachliteratur ersetzt. So soll es zunächst nur erste Anhaltspunkte geben.

Prolog

Vom Seestern, der unbedingt ein Morgenstern sein wollte.

Es war einmal ein Seestern, der in den Tiefen des Ozeans wohnte, und der sich doch nichts sehnlicher wünschte als ein Morgenstern zu sein. Der helle Stern, der die Menschen geleitet und aus der Nacht führt. Warum er gerade den Menschen helfen wollte, konnte ihm niemand, der da mit ihm unter Wasser wohnte, beantworten. Viele hatten gerade mit Menschen nicht die besten Erfahrungen gemacht. Doch erinnerte er sich an einen Jungen, der ihn einmal vorsichtig berührt hatte.

Das war Lukas gewesen, ein Junge, der mit seinem Freund Kai an den Strand gefahren war, um Kais Mutter zu besuchen. Ganz genau hatte er den Seestern damals angeschaut, in den Händen gehalten und ihn bewundert. Lukas selbst wusste davon allerdings nichts mehr.

Häufig hatte er mit Tieren zu tun, und beinahe ebenso häufig half er ihnen oder tat etwas, damit sie sich besser fühlten. Doch dass er nun eben diesen Einfluss auf einen Seestern gehabt haben sollte, das hätte wohl selbst Lukas nicht begriffen, und das, obwohl er eigentlich ziemlich viel begriff. Dennoch ist es so: Die kleinsten Dinge können die allergrößten Auswirkungen haben. Im Guten wie im Bösen. So können sie Wünsche wecken oder zugrunde richten. Aber das soll uns nicht von der Geschichte des kleinen Seesterns ablenken, der eigentlich ein Morgenstern sein wollte. Es passte ihm nicht, dass er nicht leuchtete, und dass er, obwohl er die Form eines Sterns besaß, doch sonst nicht gerade viel mit ihm gemein hatte. Normalerweise sind es Feen oder Zauberer, die solche Wünsche erfüllen. Im Fall des kleinen Seesterns waren es unzählig viele winzige, leuchtende Partikelchen, wie sie auf dem Meeresboden zuweilen vorkommen.

Warum diese auf die Idee kamen sich wie auf ein Kommando um den Seestern zu gruppieren, so dass er aussah wie ein einziges leuchtendes

Gebilde, wie ein echter Stern unter Wasser, der das Dunkel in der Tiefe durch sein Strahlen unterbrach - beinahe wie ein echter Morgenstern - das konnten noch nicht einmal die klügsten Biologen erklären. Nicht, dass auch nur einer von ihnen dieses Leuchten gesehen hätte. Der Zufall hatte nicht gewollt, dass sich auch nur ein Biologe zu genau dieser Zeit an eben jenem Ort aufhielt. Doch Lukas und Kai haben es gesehen, sogar vom Strand aus. Es war genau ein Jahr nach dem ersten Holland Urlaub bei Kais Mutter. Sie machten gerade einen Nachtspaziergang mit Räuber, Kais altem Hund, und Lukas erinnerte sich weder an den Seestern noch an den kleinen Krebs, den er im vorigen Jahr ins Wasser zurückgeworfen hatte. Dieses wundersame Leuchten jedoch, das haben er und Kai ihr ganzes Leben lang nicht mehr vergessen. Die kleinsten Dinge können eben die allergrößten Auswirkungen haben.

Wer uns zum Leuchten bringt das hängt nicht immer von uns selbst ab.

Manchmal aber schon.

Manchmal denke ich, dass es über mich nicht viel zu erzählen gibt. Vielleicht spreche ich deshalb viel lieber über die Geschichten anderer. So wie über die Geschichte von Mia, Regina, von Lukas, Kai, Sam und von all den anderen. Sicherlich möchtest du mich erst einmal kennenlernen, doch rede ich wirklich nicht so gern über mich selbst. Ich brauche meistens ein wenig Zeit um mich aufzuwärmen- was das Erzählen über mich selbst betrifft. Und daher fange ich an dieser Stelle nicht mit meiner eigenen, sondern mit der Geschichte von Mia an. Wahrscheinlich ist es ja ohnehin klar, dass meine Geschichte auch ein wenig mit Mia zu tun hat – und andersrum. Daher, finde ich, kannst du mich auch schon allein dadurch kennenlernen, weil ich Dir von Mia erzähle.

Frage: *Wie ist das bei Dir? Sprichst Du gerne über Dich selbst?*
Falls ja: Warum?

Falls nein: Warum nicht?

Impuls

Regina kam eines Tages neu in unsere Klasse. Sie setzte sich einfach neben mich; vielleicht weil sie noch nicht wusste, dass man das wohl nicht tun sollte. Außer ihr wusste das jeder; sogar die, die irgendwann so neu waren wie Regina an jenem Tag, der bis heute in mein Gedächtnis ist. Doch selbst wenn sie es gewusst hätte, geahnt, wie all die anderen vor ihr, dann wäre es ihr wohl trotzdem egal gewesen.

Mein Platz war damals am Fenster, so dass ich hinausschauen konnte.

Das war der Tag, an dem ich Regina zum ersten Mal gesehen hatte. Sie saß draußen auf dem Schulhof im Gras und beobachtete einen Käfer. Natürlich wusste ich zu dem Zeitpunkt noch nicht, dass sie Regina hieß. Aber es beruhigte mich sie zu beobachten wie sie da einfach nur saß bei diesem Käfer, der für sie offenbar das Wichtigste auf der Welt zu sein schien. Durch nichts ließ sie sich stören. Statt da draußen auf dem Boden zu sitzen, hätte sie eigentlich bei uns in der Klasse sein sollen. Und zwar auf dem leeren Platz neben mir. Doch auch das wusste ich da noch nicht. Also beobachtete ich sie, wie sie da saß, bis sie dann, in der nächsten Stunde, schließlich von der Direktorin hereingeführt wurde. *„Das ist Regina"*, wurde uns erklärt, und nur Sekunden später saß in meiner unmittelbaren Nähe und lächelte mich mit dem Anflug eines winzigen Grinsens an, wobei der eine Mundwinkel höher gezogen war als der andere. Da hoffte ich zum ersten Mal, dass wir Freunde werden würden. Schon nach dem ersten Tag mit ihr wurde alles besser. Die anderen fanden mich komisch weil meine Familie arm war. Ich hatte nie diese Dinge die man braucht, um wirklich dazuzugehören. Regina waren all diese Sachen egal gewesen. Meine Familie, die nun nur noch aus meinem Vater und mir bestand, konnte sich kaum etwas leisten, und oft war mir das peinlich vor den anderen. Doch vor Regina nicht. Regina sah genauer hin. Sie sah in einen hinein. Und doch, oder vielleicht deswegen, hatte sie ihre eigenen Probleme. Das sollte ich bald erfahren.

Frage: *Wie ist das bei Dir? Nach was beurteilst Du andere Menschen? Nach was möchtest Du beurteilt werden?*

Sie hielt sich oft im Wald auf, und dieser Wald war es auch, in den ich mich häufig zurückzog. Ein Wald ist für sich wie ein einziges Ganzes, wie ein einziges großes Lebewesen. In einem Wald, ja klar, besonders in einem Wald kann man sich verirren. Aber ich nicht. Ich weiß nicht warum. Im normalen Leben, da draußen, da habe ich mich schon oft verirrt, irgendwie. Nicht aber im Wald. Der Wald hat mit immer begrüßt, aufgehoben, sozusagen, empfangen wie ein schönes Zuhause. Vielleicht stelle ich es mir auch nur so vor, weil ich mich zuhause nicht daheim gefühlt habe. Das hing damit zusammen, dass wir kein Geld hatten, und dass es bei uns zuhause nicht schön ausgesehen hätte. Vielmehr war dort so eine Stimmung, etwas Angespanntes, etwas, dem man gerne entging. Und in jenen Augenblicken ging ich eben in den Wald. Dort konnte ich nachdenken, oder aber einfach nur da sein.

Frage: *Was ist für Dich ein Zuhause? Was müsste erfüllt sein, damit Du es als ein Zuhause empfindest?*
Ab wann wäre es für Dich kein Zuhause mehr?

Text/ Kapitel 2 - Regina ist traurig

Regina war manchmal so traurig. Oft wusste sie selbst gar nicht, warum. Manchmal war sie nur ein klein wenig traurig. So, dass sie es selbst kaum merkte. Wenn sie es mir nicht einmal höchstpersönlich, während einer der längeren Schulpause erzählt hätte, wäre es mir wohl noch nicht einmal aufgefallen.

Doch ging es ihr oft nicht gut, was mich wunderte. Ihre ganze Familie war nämlich, im Gegensatz zu meiner Familie, reich.

Damals war ich jedenfalls noch davon überzeugt gewesen, dass jemand, der alles haben konnte – so wie Regina – gar nicht traurig sein könnte, und wenn, dann höchstens ganz kurz. Doch ich hatte mich geirrt. Manchmal war sie nämlich so traurig, dass ihr innen drin alles wehtat. *„Lach doch mal, Regina,* sagte ihre Mutter in solchen Fällen zu ihr.
Und Reginas Vater kaufte ihr ein Eis oder eine teure Schokolade aus dem Laden mit den guten Schweizer Produkten.

Aber Regina war einfach immer noch traurig.

Einmal war Reginas Mutter deswegen sogar mit ihr bei einem Arzt. Der Arzt hatte sehr lange mit Regina geredet und dann noch viel länger mit Reginas Mutter. Am Abend hatte sie dann Tropfen und eine Tablette mit einer weichen Kapselhülle darum bekommen. Am nächsten Morgen war sie aber immer noch traurig. Und am Morgen danach ebenfalls. Sie wurde so niedergeschlagen, dass sie nicht mehr in die Schule gehen wollte und so traurig dass sie nicht mehr essen konnte.

Da musste ihre Tante Monika zu Besuch kommen.

Sie hat ihr dann Geschichten vorgelesen vom Wald und den Tieren im Wald.

Frage: *Kennst Du solche Gefühle auch? Wie gehen andere mit Dir um wenn Du traurig bist?*

Welche Sätze hörst Du in solchen Augenblicken häufig? Sind andere Menschen in der Lage Dir in solchen Momenten zu helfen oder eher nicht? Wie hilfst Du Dir selbst? Findest Du, dass Du gut darin bist Dir selbst zu helfen? Warum?

Im Wald soll es sogar Bäume geben die auch traurig sind. Diese heißen Trauerweiden. Man kann sie daran erkennen, dass ihre Zweige nach unten hängen. Das hat Regina wohl irgendwie gefallen, denn da war sie wenigstens nicht mehr allein traurig.

Ihre Tante Monika hat ihr auch gesagt, dass es nicht schlimm ist wenn man weinen muss.
Da hatte Regina schließlich einen Plan gefasst.
Sie wollte in den Wald gehen und die Trauerweiden besuchen, wenn sie nur nicht so müde wäre... *Wie war sie denn nur so plötzlich in den Wald gekommen?* Natürlich war es ein Traum gewesen, doch ein schöner, und Regina hatte ihn mir erzählt als wir auf der Wiese vor der Schule saßen. Vor ihr, in ihrem Traum, stand eine prächtige, dunkelgrüne Trauerweide.
Um sie herum tanzten bunte Schmetterlinge in der Luft. Einer landete auf Reginas Nase. Das kitzelte natürlich. *„Hatschi",* Regina schloss die Augen. Als sie sie wieder öffnete saß sie oben in der Krone eines Baumes. Der Schmetterling saß neben ihr. Aber nur kurz, dann flatterte er weg. Regina sah ihm nach und wurde schon wieder

traurig. *„Sag mal, Mädchen, bist du traurig"* fragte da eine Stimme. *„Wer bist du?"* fragte sie erschrocken zurück. *„Ich bin der Baum auf dem du sitzt."* Erwiderte die Stimme. *„Der Baum?"* Regina war nun zu neugierig um ängstlich zu sein. *„Woher weißt du denn dass ich traurig bin und warum kannst du sprechen?"* Fragte sie.

„Ich spüre das weil ich selbst auch manchmal traurig bin. Und deswegen kannst du mich auch hören, nehme ich an." *„Mhhhhhhh."*
Beide blieben für ein Weilchen still.

Dann sprach der Baum erneut: *„Hör mal: wenn du willst zeig ich dir was ich mache wenn ich nicht mehr traurig sein will."* Regina nickte. *„Also, dann pass mal auf – halt dich gut fest"* und der Baum begann seine Äste zu wiegen.

Und obwohl der Baum schaukelte, und sie weit oben vom Boden entfernt war, fühlte sich Regina sicher. Der Wind rauschte, ihre Haare flatterten im Wind und sie schaukelte auf den Ästen umher wie auf einem großen Schiff.
„Schau, was jetzt passiert" wisperte es aufgebracht. Aber es war diesmal nicht der Baum

der sprach. Es waren die vielen tausend grünen Blätter des großen Baumes die raschelten und knisterten und raunend Regina streiften.

„Merkst du es? Es tut gar nicht mehr weh, oder?" Tatsächlich. Es tat innen in ihr drin nicht mehr weh. Sie lächelte

Draußen raschelten die Blätter ganz deutlich. Und sie rauschten mittlerweile auch hier, über uns auf der Wiese vor der Schule. Es wunderte mich, dass Regina mir all dies anvertraut hatte. Immerhin, ich habe das ja bereits erzählt, sprach sonst niemand mit mir. Von Mia abgesehen. Und nun auch Regina. Ob Mia etwas damit zu tun hatte?

Ob es vielleicht ansteckend ist, wenn einer einen mag? Vielleicht bemerken dann auch die anderen, dass man gar nicht so schlecht sein kann und erzählen einem dann ihre aller-persönlichsten Geschichten und ihre Träume – so wie Regina das getan hatte.

Frage: *Wie denkst Du darüber? Könnte es „ansteckend" sein von anderen gemocht zu werden? Wie wichtig ist das für Dich?*

Bis heute kann ich es nicht beantworten. Wundern zumindest täte es mich aber immerhin nicht.

Doch wieder zurück zu diesem Tag, zurück zu Regina und ihrem Bäumen und den Blättern daran. Regina war sich sicher gewesen, dass sie nur für sie raschelten. Ja, das war schon etwas mit diesen Bäumen. Auch wenn es nicht immer half, so half es doch manchmal, und das war nicht zu unterschätzen, auf gar keinen Fall.

Sie hat es mir erzählt und ich muss sagen, dass ich ihr glaube. Möglicherweise ist das der Grund, warum mir viele, kurz nachdem Mia sich neben mich gesetzt hatte, schon damals ihre Geheimnisse erzählt haben. Geglaubt habe ich ihnen immer. Ich finde nämlich, dass es wichtig ist, dass einem jemand etwas glaubt weil es dann gleichzeitig so ist, dass man auch an den, der einem etwas erzählt, glaubt. Und das ist, soviel sei verraten, manchmal mehr als genug, oder doch zumindest nicht hoch genug einzuschätzen. Sowohl, dass ein Baum einem manchmal helfen kann als auch die Tatsache, dass es manchmal Menschen gibt die bedingungslos an einen glauben. Menschen, die an einen glauben und einem glauben auch wenn, ja, auch wenn das, was man ihnen gerade erzählt vielleicht nicht besonders glaubwürdig klingen mag. Und möglicherweise hängt das sowieso manchmal eher damit zusammen, dass man nicht richtig zugehört hat. So wie man manchmal auch nicht richtig hinsieht. Beides habe ich durch Agathe gelernt, doch auch durch die Raben. Nicht nur durch das was die Raben taten oder nicht taten. Vor allem auch lernte ich auf den Kontrast zu achten, der sich aus dem, was andere über Agathe und die Raben sagten und dem, was ich sah, ergab.

Frage: *Hast Du auch schon einmal solche Erfahrungen gemacht? Wie ist Deine Meinung darüber? Kannst Du ein Beispiel aus Deinem Leben nennen? Gibt oder gab es Menschen, die sehr an Dich geglaubt haben? Falls ja: Wie hat Dich das – Deiner Meinung nach – beeinflusst?*

Wie sehr hatte Agathe immer an mich geglaubt, an mein Talent als Pianist und wie wenig hatte sie darauf gegeben, dass meine Familie arm war.

Vielleicht, so dachte ich mir, zeichnen sich *Morgensterne* dadurch aus, dass sie zwar so alt wie die Nacht sind, auf der anderen Seite hingegen so jung wie der Morgen.

Obwohl sie bereits alles gesehen haben was es zu sehen gibt, begegnen sie einfach jedem neuen Morgen so, als sei er tatsächlich gänzlich neu. Vielleicht sind sie es denen es gelingt, die Menschen oder die Dinge unvoreingenommen zu betrachten.

Das ist immerhin, finde ich, bereits eine ganz wesentliche Voraussetzung dafür zu ahnen was es denn eigentlich bedeutet an jemanden zu glauben. Auch Mia, davon bin ich heute mehr denn je überzeugt, hat jemanden gebraucht der an sie glaubte. In diesem Punkt unterschied sie sich nicht von Regina, und Regina unterschied sich nicht von ihr. In einem anderen Punkt allerdings schon. Es war etwas, das nicht unbedingt für Regina sprach, doch manchmal muss man die gesamte Geschichte gehört haben um urteilen zu können.

Text/ Kapitel 3- Regina, Fuchs und die gestohlene Freude

Manche sagten über Regina, sie würde klauen wie ein Rabe, aber das ärgerte nicht nur Lukas. Immer gab es diese blöden Sprichwörter, und in einfach keinem kamen Raben gut davon. Dabei waren sie nicht einmal halb so schlimm wie Regina.

Sie nahm alles mit, was ihr in die Finger geriet, und man hatte sich schon beinahe daran gewöhnt, dass wirklich immer etwas fehlte wenn Regina da gewesen war.

Doch der Tag mit dem Kaninchen, der war dann sogar für Reginas Verhältnisse eine richtig üble Sache.

Es hatte damit angefangen, dass Regina einfach überall herumerzählte sie habe ein ganz besonders hübsches Luxus- Kaninchen mit einem dunklen Fell so glänzend und weich, als sei es aus reiner Seide. Eigentlich wäre das ja nicht einmal etwas so außergewöhnlich gewesen. Viele der Kinder hatten Haustiere, Hamster,

Hasen oder süße Meerschweinchen, Frettchen, Fische, Beos, Papageien, weiße, graue oder gefleckte Ratten, Schildkröten, Wellensittiche, zahme Mäuse und Katzen, Kaninchen oder Geckos. Ein Mädchen besaß sogar ein eigenes Pferd, und der Klassensprecher konnte gar auf den Besitz eines sizilianischen Esels verweisen, den seine Familie eigens aus der Gegend um Palermo hatte einführen lassen. Doch bei Regina konnte es keiner glauben, weil ihr Vater dafür bekannt war, dass er keine Tiere mochte und er daher natürlich auch keine Haustiere erlaubte. Reginas Vater war sehr reich. Und er sorgte auch dafür, dass dies auch wirklich niemandem entging. Das war ihm, es war nicht zu übersehen, ganz und gar wichtig. Er besaß eine eigene Firma, die sich mit nichts anderem beschäftigte als mit dem Reinigen von Dingen, eine Reinigungsfirma also. Neben Tieren hasste er auch andere Dinge Schmutz, Holz, und alles was alt war. Alte Bücher gehörten dazu.

Frage: *Kennst Du aus Deinem Umfeld solche Menschen? Was hälst Du von ihnen? Warum denkst Du sind sie so geworden?*

Die Wohnung sah aus wie die Praxis eines Arztes, der sehr auf alles achten muss, damit sich keine tödlichen Krankheiten und Seuchen bei ihm ausbreiten konnten. Vielleicht hatte er Angst davor, dass in seiner Wohnung jemand sterben könnte – vielleicht sogar er selbst. In jedem Fall gab es daher wohl weit und breit keine Wohnung, die geschrubbter, heller und steriler war als die Wohnung, in der Regina ihre Adresse hatte. Wohnen tat sie darin nicht, auch nicht leben. Das ging in dieser Umgebung nicht. Soviel zumindest hatte sie Mia, die ihre beste Freundin war, und auch mir einmal verraten. Sie hatte eben ihre Adresse dort. Reginas Mutter war anders. Das Problem war nur, dass sie sich nicht gegen Reginas Vater durchsetzen konnte. Das konnte allerdings niemand, oder kaum jemand zumindest. Vielleicht wollte sie es aber auch überhaupt nicht oder hatte es irgendwann schließlich aufgegeben, um ihren Frieden zu haben, ihren Frieden und die Zeit für das, was ihr wichtig war.

Frage: *Wie wichtig ist Dir Dein „Frieden"? Was würdest Du dafür opfern und was nicht?*

Reginas Mutter sammelte nämlich geradezu leidenschaftlich. Sie hatte zwar vor allem einen Laden für antike Möbel, doch sammelte sie auch „Augenblicke", wie sie es nannte. Das konnten Bildchen von einer Ausstellung, in der sie gerade gewesen war, sein oder eine Kastanie, die ihr an einem der ersten Herbsttage den Schritt ein wenig aus dem Takt gebracht hatte- wie auch ihr Herz für diesen Bruchteil eines Augenblicks. Sie konnte sich bei diesen Dingen so richtig hineinsteigern.

Ihre Wand in der Hinterkammer des Ladens war voll mit diesen Dingen, mit diesen Augenblicken des Lebens, in denen sie sich ganz und gar lebendig gefühlt hatte.

Sogar dann, wenn Traurigkeit schwer auf ihr lastete. Es sah irgendwie aus wie in einem winzigen Museum der Erinnerungen. Kein halbwegs vernünftiger Einbrecher hätte sich jedoch wohl jemals ernsthaft darum bemüht all diese merkwürdigen Dinge mitzunehmen. Sicherlich waren sie in materieller Hinsicht nicht mehr wert als ein einziges mehr oder weniger deftiges, mehr oder weniger gutes Mittagessen, so etwas wie ein mittelgroßes Lammkotelett mit Salat und Kroketten oder Pommes in einer Wirtschaft auf dem Land. Und doch war es genau das, was Reginas Mutter um sich haben wollte. Kleine bunte Glaskettchen aus der Zeit, in der sie als junge Helferin für Kinderheime in Brasilien und Afrika gearbeitet hatte, reihten sich dort ebenso an dieser Wand ein wie Postkarten besonders guter Freunde oder eine gut getrocknete Blüte. Sie konnte einfach nichts weggeben, und sie behielt die Dinge wie auch die Menschen in ihrem Leben; sie konnte Abschiede nicht leiden. Und so blieb bei ihr alles und alle. Menschen, die wohl auch andere schon längst auf den Müll geworfen hätten, weil sie unbequem waren oder sich in sonst einer Hinsicht von den Reichen und Erfolgreichen, den Glücklichen und Gesunden unterschieden. Überall tickten Uhren. Sie tickten miteinander oder gegeneinander an. Es gab das langsame Ticken und das schnelle, eilige, so als wäre das alles ein einziges großes Orchester von Uhren. Alte Standuhren, kleine,

bronzene, verchromte, versilberte oder ver-
goldene Zieruhren, massive Wanduhren aus
dunkelbraunem Holz mit verschnörkelter und
ganz besonders aufwändiger, filigraner Ver-
zierung, schlichte silberne kleine Uhren und
Uhren, die mit winzigen Gemälden verschönert
waren. Vor allem gefiel Mia ein aus Bast
gefertigter Hase, der angeblich auf seiner Reise
um die halbe Welt eine lange und mysteriöse
Geschichte aus den fernen Land China
mitgebracht hatte. Sein Blick war zwar der
eines Hasen, doch merkwürdigerweise verfügte
er zudem auch über Hörner, Hufe und Flossen.
Trotz dieser rätselhaften Kombination wollte
dennoch niemand das Eine, was man sich über
ihn erzählte, glauben, doch wurde diesem so
harmlos hereinblickenden Hasen aus Zeiten der
berühmten Ming – Dynastie eine Zauberkraft
nachgesagt, die ihresgleichen suchte. Mia,
Reginas Freundin, konnte sich das ebenfalls
nicht gut vorstellen. Denn wenn Reginas Mutter
schon in Besitz eines so durchaus wertvollen
Stücks wie dieses Hasen war – warum zauberte
sie sich dann nicht selbst alle ihre Probleme

vom Hals? Angefangen mit ihren Eheproblemen und den dazu noch nicht gerade geringen Probleme ihrer Tochter Regina? Natürlich wusste Reginas Mutter hierauf eine Antwort, die zwar auf den allerersten Blick, beziehungsweise beim ersten Hören zunächst befriedigend klang, auf den zweiten Blick, oder beim zweiten Hören, jedoch noch weitere Fragen offen ließ. So behauptete Reginas Mutter, dass man einen echten Zauber, einen chinesischen schon gar nicht, niemals anwenden dürfe um sich selbst einen eigenen Vorteil daraus zu verschaffen. Nun ja, das klang selbstverständlich erst einmal recht logisch. Das konnte immerhin sein. Doch wenn sie die Zauberkräfte nur einsetzen konnte um einer anderen Person zu helfen, warum konnte sie dann nicht Regina helfen? Die Tatsache, dass sie sich selbst damit ja dann indirekt auch helfen würde – also bitte – das konnten doch noch nicht einmal die strengen, alten chinesischen Magier so eng sehen. „Aber so leicht ist das nicht, versicherte Reginas Mutter. Der Hase wählt selbst aus – und meistens behält er dabei sogar ihre Form bei. Ein so altes Zauberstück, dem nichts Besseres einfiel als seine eigene Form beizubehalten, in diesem Fall des einen Hasen? Es muss nicht unbedingt ein Hase sein. Aber immer ein Tier, versicherte ihr Reginas Mutter. Zum Beispiel könnte er auch ein Rabe werden, eine Katze, eine Eule, eine Eidechse, ein Marder oder eine Maus. Eine Maus! Ein besonders Mysterium schien das ja nicht gerade zu sein. Reginas Mutter, als wüsste sie, was man gerade dachte, versicherte ihr jedoch das Gegenteil. „Es mag so aussehen, doch sie kann sich selbst sogar zum Leben erwecken. Und das, na ja, das muss man zugeben – besonders ist so etwas schon – nicht wahr?" Reginas Mutter lächelte – wie immer ein wenig rätselhaft. Ein wenig erinnerte sie an die Mona Lisa, an dieses berühmte Gemälde, das hinter Panzerglas in einem Pariser Museum hing. Es war das gleiche Lächeln. Direkt un-heimlich, aber auch wunderschön. Vielleicht deshalb, weil es ein wenig geheimnisvoll wirkte.

Es gab in ihrem Leben ein Geheimnis, das im Grunde keines war, weil nun einmal, wie so oft, die Menschen darüber sprachen. So wie sie bei Kais Mutter gesprochen hatten, so war das auch bei Reginas Mutter der Fall gewesen. Manche erzählten noch Jahre nach ihrem ersten Aufenthalt in einem ganz besonderen Krankenhaus, dass sie eine *Verrückte* sei. Dabei, auch wenn sie manchmal Dinge erzählte denen man nicht gut folgen konnte, fand ich sie keineswegs verrückt. Ich weiß auch heute, als erwachsener Mensch nicht, warum es die meisten Menschen einfacher finden über andere zu reden und zu urteilen anstatt zu versuchen sie zu verstehen.

Ehrlich gesagt finde ich es viel einfacher sie zu verstehen. Es ist das alte Lied. Man muss nur in der Lage sein genau hinzusehen und genau hinzuhören. Reginas Freundin Mia hielt sich oft in diesem Laden auf. Sie versuchte so über den Verlust von Fuchs, ihrer roten Katze hinweg-zukommen, die vor einiger Zeit einfach in den Wald gelaufen war. Mia nahm das persönlich, und Reginas Mutter schien sie in dieser Zeit ganz gut zu verstehen. „Besser als mich", hatte Regina sich bei mir beklagt.

Ab und an hatte Fuchs, nach seinem Weggang, Mia kleine Geschenke vor die Haustür gelegt, Mäuse ausgerechnet, doch Mia selbst hat Fuchs nie wieder besucht. Das hing nicht damit zusammen, dass er sie nicht leiden konnte. Ganz im Gegenteil. Doch war Fuchs einfach gerne für sich. Da biss die Maus keinen Faden ab.

Niemand war jemals zuvor freundlicher und liebenswerter zu ihm gewesen als Mia.

Er vergötterte sie geradezu, doch liebte er seine Freiheit noch ein bisschen mehr.

Mia wusste das natürlich nicht. Sie zweifelte oft an sich, ähnlich wie Kai, dessen Mutter auch nicht gerade dem Bild einer glücklichen Mutter entsprach. Es gab da hinter der Ruine, zu der viele gingen, weil sie in der Gegend recht bekannt war, nämlich noch einen Ort.

Einen Ort, den nur Kai kannte und zu dem er sich flüchtete, wenn ihm alles wieder einmal zu viel wurde.

Vermutlich wäre das auch so geblieben – immerhin war der Ort wirklich sehr versteckt. Und wenn Mia damals nicht so energisch nach Fuchs gesucht hätte und dabei nun das Gebiet rund um die Ruine sorgfältig zentimeterweise durchkämmt hätte, wäre sie wohl niemals auf den von herunterhängenden Ästen und Schilf sehr gut getarnten Nebeneingang gestoßen.

Kai war natürlich nicht gerade begeistert, was man sich ja unschwer denken kann. Am liebsten hätte er sie auf der Stelle wie ein Huhn aus der Höhle gejagt, die er mittlerweile schon längst als seine eigene, ganz persönliche Rückzugsstätte ansah. Mia, die behutsam in die Höhle getreten war, wiederum selbst ganz langsam um Fuchs, sollte sich dieser hier versteckt halten, nicht zu vertreiben, erschrak als sie Kai sah. Nicht nur weil sie hier nicht mit ihm gerechnet hätte - vor allem sein wilder Blick war ziemlich furchterregend. Doch dann, Mia wollte gerade schon vorsichtig wieder den Rückzug antreten, überlegte er es sich anders. „Komm rein", murmelte er. „Ist schon ok". Mia setzte sich zu ihm auf den Boden und sie begann von Fuchs zu erzählen und von Regina – vor allem aber von Fuchs. Sie sah ganz schön unglücklich aus und Kai konnte sich schon recht genau vorstellen warum. Auch wenn Mia so wirkte als könnte sie so einiges wegstecken. Verlassen werden, ja, das war so ähnlich wie die Sache mit seiner Mutter. Natürlich ist eine Mutter nicht mit einer Katze zu vergleichen – aber trotzdem irgendwie. Kai verstand genau was Mia meinte. Er erzählte ihr von Lukas, dessen Igel auch oft verschwunden war, ebenso wie Kieran, der Rabe. Doch das half Mia nicht.

Und deswegen nahm er sie eines Tages sogar mit zu seiner alten Katze, später sogar zu Agathe. Das war schon eine sehr große Auszeichnung, daran gab es nichts zu rütteln. Kais alte Katze Maxime war, trotz ihres enorm fortgeschrittenen Alters eine prachtvolle Schönheit. In ihrem runden Gesicht entflammte zwischen den schönen, hellgrünen Augen eine Art weißes Pelzflämmchen, das ganz und gar symmetrisch zwischen ihren Augen und den getigerten Ohren saß. Ihr Gesicht war weich und durchaus freundlich, wobei es bereits mehrfach vorgekommen war, dass sie, wenn ihr etwas nicht gepasst hatte, sie ihre spitzen Zähne wahlweise in Arme und Beine derer gerammt hatte, die sie gerade nicht leiden konnte.

Danach setzte sie erneut dem reinen Ausdruck vollkommener Gelassenheit und Harmlosigkeit auf, schleckte ihre ebenfalls weißen Pfötchen noch etwas sauberer oder verschwand sicherheitshalber gleich leicht humpelnd hinter dem großen Holzstoß vor Kais Haus um etwaigen Vergeltungsschlägen vorzubeugen.

Wenn es aber jemanden gab, den sie aufrichtig liebte, dann konnte der sie streicheln, sogar gegen den Strich, mit sich umhertragen oder all das tun, was Katzen in der Regel sonst nicht so schätzen.

Dennoch hätte sie keinem von ihnen die Bekanntschaft mit ihren enorm spitzen Zähnen machen lassen. Kai gehörte selbstverständlich dazu. Und auch Lukas. Vor allem aber, da es sich offenbar um eine große Liebe auf den ersten Blick handelte: Mia natürlich.

Maxime umschnurrte und umstrich sie mit ihrem ganzen Körper, sie stupste ihr Näschen auf Mias Nase, legte ihre Pfote, deren Krallen sie zuvor eingefahren hatte, auf Mias Hand und schnurrte lautstark beinahe den gesamten Wald zusammen.

„Sie mag dich" grinste Kai und Mia strich so behutsam sie nur konnte mit dem Zeigefinger ganz vorsichtig und zart die kleine, einmalige weiße Musterung zwischen Maximes´ Augen nach. Es war offensichtlich wie gut das beiden tat. Mia möglicherweise noch ein bisschen mehr. Kai spürte das deutlich. Und weil er noch so eine Ahnung hatte, was Mia helfen könnte, nahm er sie nur kurz darauf zu Agathe mit.

Zwar war Agathe seine Freundin, Mia nun allerdings auch. Und für Mia war es eindeutig wichtig über Fuchs, die verschwundene Katze zu sprechen. Und wer außer Agathe hätte da besser zuhören können! Also entschloss Kai, dass die beiden sich kennenlernen sollten. Auch Agathe mochte Mia sofort, was Kai allerdings nicht besonders wunderte. Alle mochten Mia. Außer sie selbst schien das einfach jeder zu wissen. Mia wiederum mochte Agathe, Das war nicht zu übersehen. Kai wuchs innerlich ein bisschen, weil er so stolz auf seine geniale Idee war die beiden miteinander bekannt zu machen. Mia gab sich oft die Schuld am Verschwinden von Fuchs, aber nicht nur das. Ihr Vater hatte die Familie vor einiger Zeit verlassen und war nach Amerika gezogen.

Laura, Mias Schwester, hatte er mitgenommen. „Manchmal kommt es mir so vor als wollte einfach niemand bei mir bleiben", flüsterte sie leise, fast tonlos und mit blassem Gesicht. Agathe setzte sich ganz nah neben sie und sagte: „Mia, überleg doch mal anders herum." „Wie meinst du das?". „Na ja, das ist doch klar, Mia. Überleg doch mal, wer alles bei dir bleiben will und nicht anders herum".

Mia dachte nach. Tatsächlich waren da einige.

Es gab Mama, Manfred, ihren Freund, Opa, Lukas, und überhaupt – ziemlich viele, die sie mochten. Trotzdem kam nochmal der Zweifel in ihr auf. Laura, ihre ältere Schwester, war nach Amerika mitgegangen. „Papa wollte sie, nicht mich". Nun begann sie zu weinen.

„Laura ist viel hübscher als ich, und klüger. Kein Wunder, dass er sie viel lieber mag und bei sich haben möchte." Agathe nahm Mia nun in den Arm und wartete bis sie sich ausgeweint hatte. Agathes Raben waren in der Nähe und beobachten Mia. Einige von ihnen waren schon von ihr gefüttert worden, und so hielten sie ganz still um Mia nicht zu stören. Auch Agathe sprach lange Zeit nichts.

Dann sagte sie nur: „Du bist du, Mia. Du bist du." Dabei lächelten ihre Augen zu ihr hin und Mia begriff, dass das das größte Kompliment war zu dem Agathe fähig war. „Na ja, und Mia", Agathe lächelte jetzt noch ein bisschen mehr: „Weißt du, deine Mutter hätte dich auch nicht gerade gerne abgegeben." Nun musste Mia auch wieder ein wenig lachen.

Sie dachte an Kieran, Krakan, Kolja und Kiara, die Raben, mit denen sie sich so gut verstand. Dann schweiften ihre Gedanken zu Fuchs und sie erinnerte sich an die Mäuse, die er ihr heimlich brachte. So ganz schlimm konnte sie wohl tatsächlich nicht sein.

Agathes Lächeln ermunterte sie dazu, weiter nachzudenken.

Maxime fiel ihr nun ebenfalls ein, das kleine pelzige, wunderweiße Flämmchen zwischen ihren schönen Katzenaugen. Maximes´ Stirn an ihrer, die keine, raue Zunge an ihrem Finger. Maximes warme Pfötchen mit den eingezogenen Krallen auf ihrem Handrücken. Wie zart sie waren! Keine Sekunde lang befürchtete Mia von Maxime gekratzt zu werden. Sie vertraute ihr vollkommen. Und das, man sah es deutlich, beruhte auf Gegenseitigkeit.

Natürlich konnte Maxime Fuchs nicht ersetzen. Doch immerhin hatte Maxime ihr gezeigt wie sehr sie sie mochte. Sie. Mia. Und mit einem Mal fühlte sie sich ganz warm und glücklich.

Was Agathe Mia in der Woche darauf über die Wandelbilder erzählte, das möchte ich euch nicht vorenthalten. Es kann ja sein, dass ihr das auch mal ausprobieren wollt. Mia jedenfalls hat es gefallen. Begonnen hatte es mit drei ihrer Raben, die sich in Agathes Haus versteckt hatten. Einer von ihnen, vermutlich Krakan, schärfte sich den Schnabel an ihrem Tür-rahmen, der andere schob Fotographien auf dem Wohnzimmertisch herum und der dritte machte sich an der Kiste zu schaffen, in der Agathe ihre alten Fotografien aufbewahrte. „Es war so, Mia", begann Agathe ihre Erklärung. „All diese Bilder sind eine Sammlung meines ganzen Lebens. In der Kiste befanden sich Bilder, die schön waren und auch Bilder, die schrecklich waren." „Schrecklich?" Mia konnte sich nicht vorstellen, was Agathe da wohl geknipst haben mochte. „Also schrecklich des-wegen, weil ich persönlich ganz schreckliche Erinnerungen mit ihnen verbunden habe! Ihre Stimme klang nun sehr leise, beinahe murmelte sie. „Es gab da so ein Bild. Ich hatte Angst es anzusehen." Doch es lag mitten auf dem Tisch, als ich hinter den Raben trat." Sie zögerte. Ich fragte ihn, was er da mache. Schließlich war es Kieran. Nun lächelte sie. Wenn sie von Kieran sprach passierte ihr das oft. „Kieran nahm dieses Bild und schob es einfach so an die linke Ecke des Tischs. Nun war es irgendwie kleineres wirkte nicht mehr so schlimm, jedenfalls konnte ich es plötzlich anschauen ohne ..." Sie brach ab, doch Mia wusste was sie meinte. „Seitdem verschiebe ich die Bilder in meinem Kopf häufig. Manchmal mache ich sie in meinen Gedanken noch kleiner oder schwarz-weiß, oder ich stelle sie einfach auf den Kopf." Nun lachte sie laut heraus, so wie das Agathe öfter machte und weswegen man sie einfach gern-haben musste. „Probiere es ruhig mal aus, Mia, es klappt!" Ich weiß nicht ob Mia es aus-probiert hat. Doch, um ganz ehrlich zu sein, würde es mich wirklich wundern, wenn sie es nicht getan hätte. Mir hätte das wohl auch nicht geschadet. Oder Lukas, oder Kai. Auf jeden Fall aber hätte es wohl Regina helfen können.

Text/ Kapitel 6 –

Mona Lisa und der alte Laden

Reginas Mutter, alias Mona Lisa, war eine ganz besondere Person.

Es war ihr nicht wichtig, ob ihre Kleidung oder ihre Möbel der neuesten Mode entsprachen – doch man konnte immer zu ihr kommen, wenn man etwas auf dem Herzen hatte. Ihr Laden stand auch für jene offen, die nichts zu kaufen beabsichtigten. Mia war oft bei ihr zu Gast. Das war zu der Zeit, als sie mit ihrem Vater alleine lebte, und wirklich jedes Mal ging es ihr besser, wenn sie eine Weile zwischen den alten Möbeln und Lampen gesessen hatte von denen jede ihre eigene Geschichte zu erzählen schien, während sie die ihre Reginas Mutter an-vertraut hatte.

Das ging den meisten Menschen so. Nur bei Regina selbst, die ja immerhin die Tochter war, sah es anders aus. Sie wirkte so, als sei sie einfach nur hin- und hergerissen. Mia konnte sich so gar keinen Reim darauf machen, warum

Reginas Eltern denn eigentlich überhaupt noch zusammen waren. Auch nicht, um genau zu sein, warum sie überhaupt jemals geheiratet hatten. Sie passten nämlich vollkommen offensichtlich überhaupt nicht zueinander.

Manchmal dachte sie, dass es wohl wegen des Geldes sei, obwohl das wiederum eigentlich gar nicht zu Reginas Mutter zu passen schien. Oder aber Reginas Vater war früher einmal ganz anders gewesen. Wahrscheinlich hatte ihn damals das Mona Lisa-Lächeln umgehauen. Jetzt hatte er ver-mutlich Angst, dass eine Scheidung nicht gut zu seinem perfekten Boden, dem tollen Vorgarten und den immer glatten und gewachsten Wänden passen würde. Das passte auch nicht zu seinen Versprechen. Sein bekanntestes war, dass kein Fleck je eine Chance bei ihm hätte.

Ein Fleck, das war für ihn nicht nur ein Fleck. Es war die Ausgeburt dessen, was man versuchen musste zu beherrschen – um somit nicht selbst noch zum Fleck zu werden. Zu etwas, das nicht wichtig war, im Gegenteil. Er wollte nicht zu etwas werden, das verhasst war, und das jederzeit, einfach so und unwiederbringlich ausgelöscht werden konnte.

Nein, ein Fleck wollte er wahrlich nicht sein. Vielmehr ihr Bezwinger.

Der Bezwinger aller Flecken die es wagten, sein Reich oder das ihm anvertraute zu belästigen, zu besudeln und zu beschmutzen.

Der *Saubermann* dem es gelang, die Dinge in Ordnung zu halten und der den Überblick und die Kontrolle niemals verlor. Das war sein Werbeversprechen. Na ja, eine Ehe war ja irgendwie auch immerhin eine Art Versprechen. Vielleicht wollte er sich nicht die Geschäfte oder seinen Ruf vermasseln lassen durch so etwas gänzlich Unschönes wie eine öffentliche Trennung. Oder aber sie wollten wegen Regina zusammenbleiben.

Genau war das nicht herauszubekommen. Aber zunächst wirkte das auch nicht weiter schlimm, und wenn die Sache mit dem Hasen nicht passiert wäre, dann hätte es wohl niemand auch nur erwähnt. Immerhin war es nicht so ungewöhnlich. Sie hatten ohnehin jeder seinen eigenen Bereich, völlig ungestört vom jeweiligen Anderen.

Reginas Mutter hatte ihren vor alten Holzschränken, antiken Vasen und bunten Lampen überquellenden Laden, der Vater hatte seine schicken Wände, seine Katalog-Wohnung, die in hellem und dunklen Grau gehalten war, und Regina pendelte zwischen beiden hin und her.

Eigentlich schämte sie sich für beide.

Warum konnte ihre Mutter denn nicht einfach irgendwelche Kalender mit Katzen, Obst oder Aquarell-Landschaften an ihre Wände hängen? Oder eine Heugabel.

So wie Tante Monika, die auf einem Bauernhof wohnte? Warum war ihr ein künstlicher Hase aus uralten Zeiten so wichtig? Warum musste sie immer mal wieder in ein Krankenhaus das nicht einmal so war wie ein normales Krankenhaus? Warum musste alles in ihrer Umgebung denn eine Geschichte erzählen? Und warum konnte ihr zwanghafter Vater die Wohnung nicht so einrichten, dass man nicht ständig darin fror? Und warum erlaubte er ihr kein Haustier? Wenn sich Mama wenigstens besser gegen ihn durchsetzen könnte... Fast jede andere Familie schien ihr besser als ihre eigene zu sein, sogar die von Lukas, und dass obwohl jeder wusste, dass seine Schwester und sein Vater bei einem Unfall gestorben waren. Doch seine Mutter hatte er ja noch – und die machte immerhin einen richtig guten Eindruck. Bei Mia sah es nicht anders aus, fand Regina. Zwar hatte auch sie Probleme mit ihrer Familie, doch ihr Vater besaß immerhin einen Reitstall – was konnte es Besseres geben? Selbst Mias Schwester war eigentlich ganz nett, auch wenn Mia ab und zu ziemlich genervt von ihr war. Doch seit sie nun meistens bei ihrem Vater lebte und die Schwester bei der Mutter, oder umgekehrt, lief es ganz gut mit den beiden Schwestern. Regina dachte sich, dass es ihr bestimmt leichter fiele entweder ihren Vater oder ihre Mutter zu mögen. Wenn sie bloß nicht dauernd zwischen den beiden stände. Das war wirklich nicht gerade ein gutes Gefühl, ganz im Gegenteil. Immerhin fanden so viele ihre Mutter ganz toll - sie besuchten sie sogar regelmäßig in ihrem Antiquitätenladen, so wie Mia zum Beispiel, aber auch andere aus meiner Schule. Lukas war unter ihnen und Kai. So dass es wohl sicherlich auch ihr nicht allzu schwerfallen würde ihre Mutter zu mögen. Rein theoretisch gesprochen. Wenn da nämlich Papa nicht wäre – und auch umgekehrt. Doch andererseits: Papa besaß zwar keinen schicken Pferdestall, doch er war reich, und er hatte ihr versprochen, dass sie im Urlaub ganz weit weg reisen würden. Bis ans andere Ende der Welt. Sie würden in einem Hotel wohnen, in dem man das Essen sogar im Pool serviert bekäme. Mama fand das völlig übertrieben und wollte natürlich nicht mit, aber Papa war der Ansicht, dass ja dann er und Regina eben alleine dorthin fliegen könnten. Das klang gut und gleichzeitig dann auch wieder nicht, und sie musste an den Hasen von Kai denken, der ihn ihr einmal gezeigt hatte. Dieser Hase war so besonders weich und anschmiegsam.

Sein Fell hatte die Färbung feiner dunkler Schokolade und den Glanz einer seidigen, dunklen, ganz zarten Bluse.

Er roch so unbeschreiblich gut nach Heu und nach Wärme. Kaum hatte sie ihn gesehen, wusste sie, dass sie ihn sich stehlen würde. Irgendwann. Sie stahl normalerweise eher Dinge, und schon aus Prinzip keine Lebewesen. Aber diesen unfassbar weichen, flauschigen Hasen musste sie einfach besitzen! Das mit dem Stehlen war nicht das einzige Wunderliche an ihr. Sie musste auch, wie unter einem inneren Zwang die Treppen zählen und die Stufen, außerdem die Drehknöpfe an Fenstern und allen Türen die in Richtung Sporthalle zeigten. Manchmal sagte sie Sätze sogar dreimal hintereinander, einfach nur um ganz sicherzugehen, dass nichts furchtbar Schreckliches und Schlimmes passieren würde, obwohl ihr Mama mehr als einmal gesagt hatte, dass das nicht unbedingt wirklich helfen konnte. Wenn man es dreimal sagte, ganz schnell hintereinander, davon war Regina zumindest überzeugt, war man wenigstens kurzfristig in

Sicherheit. Es war ihr im Grunde klar, dass das alles nicht normal war. Und trotzdem konnte sie nicht anders. Und so kam der Tag, an dem sie, nachdem sie dreimal gegen den Hasenkäfig geklopft hatte, der draußen hinter der Scheune stand und nur mit einem sehr einfachen, lächerlich primitiv angebrachten Fahrradschloss verschlossen war, sich überlegte wie sie das Schloss am besten knacken könnte. Diese Dinge fielen ihr nicht schwer. Für so etwas hatte sie ein untrügliches Geschick und Gespür. Nach weniger als drei Minuten war das Schloss offen. Der Hase zappelte auf ihrem Arm, und Regina nahm ihn mit in die Schule. Sie ging nicht in Kais Klasse, so dass die anderen Kinder nicht wissen konnten, dass es der Hase von Kai war. Sie zeigte ihn überall herum. Dann, in der Pause, ging sie nach draußen und ließ ihn einfach laufen. Er hoppelte davon ohne sich auch nur noch einmal nach ihr umzudrehen.

Frage: *Kannst Du das Verhalten von Regina nachvollziehen? Was würdest Du zu ihr sagen wenn Du ihr Freund wärst? Was hätte sie, Deiner Meinung nach, anders machen sollen?*

Er verschwand in den Wald und wurde niemals wieder gesehen. Regina wusste nicht warum sie das getan hatte. Warum sie den Hasen nicht wenigstens zurückgebracht hatte. Sie konnte sich selbst oft nicht verstehen. Natürlich kam es heraus, die Sache mit ihr und dem Hasen. Kai war untröstlich. Man sah es ihm nicht an, doch liebte er Tiere über alles. Die ganze Schulklasse, auch die Parallelklasse, der Hausmeister und alle Lehrer, sogar die Direktorin, halfen mit den Hasen zu suchen. Umsonst. Er wurde trotz allergrößter Bemühungen nicht mehr wieder gefunden. Ich finde es wirklich nicht gut was sie da getan hat.

Aber ich denke, dass es für sie so etwas wie der Versuch war so etwas wie eine heile Welt zu finden.

Wenn ich an ihre Mutter dachte, oder eben auch an die vielen anderen Familien, meine eingeschlossen, dann gab es da keine heile Welt. Überall waren Risse zu sehen, Bruch-stücke oder gar nur noch Ruinen. Ich glaube, dass es den Menschen noch nie gelungen ist eine heile Welt aufzubauen. Und trotzdem sehnen sie sich danach. Sie sehnen sich nach Geschichten die einen Sinn ergeben, nicht die Geschichten von Reginas Mutter, Mona-Lisa, die so vollkommen ohne Logik auszukommen schienen. Sie wünschten sich Geschichten die einfach zu verstehen waren, die einen Sinn ergaben, die einem das Gefühl gaben, dass alles so gut und perfekt war wie es jetzt war. Ich kann das, ehrlich gesagt, auch gut verstehen, doch glaube ich, dass es an der Realität vorbeizieht, dieser Wunsch. Auch Regina musste das lernen. Schließlich sprach niemand in der Schule mehr auch nur ein Wort mit Regina. Sie konnte das sogar verstehen. Oftmals dachte sie nun darüber nach einfach wegzulaufen, möglichst weit weg natürlich, und selbstverständlich niemals mehr wieder-zukommen. Als hätten ihre Eltern die gleiche Idee fragten sie sie, ob sie nicht für eine Weile bei Tante Monika wohnen wolle. Ja, das wollte sie. Das wollte sie sogar unbedingt. Und so war das Letzte, das Mia von Regina sah, ihren Hinterkopf im Auto ihres Vaters, der sie zu ihrer

Tante fuhr. Mia mochte Abschiede nicht. Zwar ließ sie sich das niemals anmerken, doch sobald sich etwas in ihrem Leben änderte fühlte sich Mia davon verunsichert. Selbst dann, wenn die Änderungen gar nicht so schlimm waren. Aber trotz allem kam sie letztlich immer doch damit zurecht. Und das war gut so. Es ging ihr, davon bin ich überzeugt, häufig so wie mir in diesen Momenten. Sie ging in den Wald. Natürlich klingt es ziemlich weit hergeholt wenn ich vermute, dass sie dort auch mit den Tieren sprach.

Nur, das muss ich dazu sagen: Es braucht ja nicht die Sprache im herkömmlichen Sinn sein. Sicherlich gibt es auch andere Wege um sich zu verständigen.

Ich weiß es nicht genau. Allerdings habe ich Gerda, die Eule, ihre Tochter Luna und auch Mia mehr als einmal zusammen gesehen.

Frage: *Wie sind Abschiede und Veränderungen für Dich? Kannst Du Dein Gefühl beschreiben? Gibt es Unterschiede? Falls ja: Welche? Würdest Du diese Gefühle gerne verändern?*

Text/ Kapitel 7 –

Der Tag der verrückten Eule

Der Tag der verrückten Eule veränderte vieles. Es war der Tag, an dem Reginas Vater in seiner sauber geputzten Wohnung eine Eule vorfand. Es war eine völlig gewöhnliche Eule, zumindest hatte dies den Anschein.

Ungewöhnlich war jedoch der Dreck, den sie verursachte, während sie durch seine sauber gescheuerte Wohnung rannte.

Reginas Vater schrie, zeterte, fluchte und jammerte, als er die schmutzigen Tappen auf seinen ehemals so makellos weißen Fliesen sah. Tappen die sich anscheinend wie von Zauberhand vermehrten, aus denen immer mehr wurden.

Immer mehr Tappen, immer mehr Schmutz. Hinzu das Geschrei und das grässliche Geräusch der Flügel. Flügel, das hatte er zuvor nicht gewusst, konnten so unfassbar fürchterliche Geräusche machen, *ksschhhhhh*.

Am liebsten hätte er geweint. So unglaublich das für einen erwachsenen Mann auch zu sein schien. In diesem Moment kümmerte ihn das nicht. Ja, er musste es zugeben: Es war ihm direkt zum Weinen zumute.

Wäre Reginas Mutter nicht gewesen, welche die Eule schließlich eingefangen und ihren Mann beruhigt hätte, so wäre wohl die Nachbarschaft dahinter gekommen, dass es wohl auch Tappen auf der Seele des immer so fein gekleideten Geschäftsmannes gab.

Andererseits: Wo gab es die nicht. Und, auch das war der Eule gelungen – am Ende brachte sie Reginas Eltern nach langer Zeit dazu sich anzusehen, so richtig anzusehen. Und das, bevor sie dann miteinander sprachen. Ich weiß nicht was daraus geworden ist. Aber das kann man ja sowieso nie so genau wissen.

Ich kann auch nicht sagen ob es der Grund war, warum Regina seither wieder viel häufiger zu Besuch zu ihren Eltern kam.

Zurück wollte sie allerdings nicht. Bei ihrer Tante schien es ganz nett zu sein.

Trotzdem...es war immer besser mehr als einen Verbündeten im Leben zu haben. Zumindest ist das meine Meinung. Sicherlich kann man das auch anders sehen. Die Eule habe ich übrigens wenig später in der Nähe des Katzenfelsens gesehen. Sie zog dort ihre Runden als hätte sie niemals etwas anders getan. Für eine Weile sah ich den Morgenstern hinter einem der von ihr umkreisten Bäume in der Nähe des Felsens. Dann landete sie auf dem Boden, ihre Beine waren nass vom der feuchten, matschigen Erde. Schließlich wurde es hell.

Ich habe Gerda nicht verraten denn es gibt etwas, das man wissen muss: Eulen nämlich schätzen Geschwätzigkeit zu keinem Zeitpunkt.

Text/ Kapitel 8 –

Lukas´Angst

Lukas, der allein mit seiner Mutter im Wald wohnte, hatte Angst.

Auch Lukas, der, seitdem seine Mutter einmal viele Stunden zu spät nachhause gekommen war, von der Angst besessen war sie könnte sterben, fand seinen Weg zu Agathe. "Das war bei mir auch so, als ich so ungefähr in deinem Alter war", sagte Agathe. Meine Mutter hatte ein schwaches Herz, und oft bekam sie wenig Luft. Ihre Lippen sahen blau aus, und sie war weiß wie ein Nachthemd.

„Zu meiner Zeit waren Nachthemden immer weiß", setzte sie hinzu. "Ich hatte deswegen auch keine Geschwister, denn der Arzt hatte meiner Mutter verboten überhaupt Kinder jemals zu bekommen. Er hatte ihr prophezeit, dass sie spätestens bei der Geburt sterben würde. „Ich war auch nicht geplant", Agathe zögerte, dann lachte sie ein wenig und meinte schließlich: „Aber offenbar sollte es so sein, dass ich komme."

Lukas dachte vor sich hin, dass er darüber auch ziemlich froh war, denn auf Agathe konnte keines der Kinder im Umkreis verzichten.

Zu wem außer Agathe konnte man wirklich gehen. wenn man etwas auf dem Herzen hatte?

Gut, Mama war schon für ihn da, keine Frage. Doch bei solchen Themen, wo es ja auch immerhin um sie ging, wollte er lieber mit Agathe sprechen.

Niemand konnte so zuhören wie sie, abgesehen von Mia, und ihre Antworten halfen ihm meistens.

Gut, bei Mia taten sie das auch, doch ab und zu, das spürte er, kannte keiner die Antworten auf solche Fragen besser als eben Agathe.

„Wenn es meiner Mutter so schlecht ging", fuhr Agathe fort, „dann habe ich mir oft überlegt was ich im Falle ihres Todes machen sollte. Lukas wusste genau was sie meinte.

„Natürlich wusste ich damals nicht, dass meine Sorgen umsonst waren, denn sie wurde nicht weniger als 73 Jahre alt, was, zur damaligen Zeit und in Anbetracht ihrer Erkrankung, tatsächlich ein hohes Alter war. Doch selbst da, und damit hatte ich als Kind nicht gerechnet, fehlte sie mir sehr. Als Kind denkt man manchmal, dass Erwachsene automatisch klarkommen, und dass es eine Leichtigkeit sei, seine Mutter zu verlieren wenn man selbst schon alt ist. Jedenfalls hatte ich mir das als Mädchen so vorgestellt. Als Kind jedoch konnte ich noch nicht einmal diesen Gedanken zu Ende führen, zu undenkbar war er damals für mich. Dabei hätte ich als Kind viel eher jemanden gehabt, der sich um mich gekümmert hätte: Meinen Vater, meine Tanten und meine Großmutter."

Sie goss sich Wasser in ein Glas und sprach weiter. „Als ich erwachsen war, war das nicht mehr der Fall. Ich fühlte mich zuerst sehr allein". Sie dachte kurz nach, so als wäre sie nicht sicher, ob sie weitersprechen sollte oder nicht. „Es hat sich dann etwas geändert", brachte sie schließlich hervor. „Wie denn, was denn?", wollte Lukas wissen. „Na ja, es ist schwer zu erklären". Sie sprach nun sehr leise, „aber plötzlich merkte ich, dass meine Mutter ständig bei mir war und mich begleitete." „Wie ein Engel?", wollte Lukas wissen.

„Schwer zu sagen", antwortete Agathe.
„Vielleicht schon auch wie ein Engel, aber das meine ich nicht." Sie stand auf, ging zum Regal und holte ein großes Kochbuch hervor. „Schau es dir mal an", forderte sie Lukas auf. Das Buch war sehr alt, der Einband etwas fleckig, und in dem Buch standen Rezepte, die von Hand geschrieben waren.

Lukas konnte die alte Handschrift nicht richtig entziffern, aber es waren trotzdem eindeutig Rezepte, das sah er an der typischen An-ordnung. „Das ist ein Beispiel", erklärte ihm Agathe. „Ich habe damit begonnen nach ihren Rezepten zu kochen, aber das war längst nicht alles. Immer wieder fiel mir plötzlich auf, dass ich so war wie ich bin, weil es sie gegeben hat. Sie hat mir gezeigt wie man verletzte Vögel und Igel füttert und wieder aufzieht, dass man freundlich zu den Menschen sein soll, weil keiner von ihnen es am Ende leicht haben wird – all dies. Und jedes Mal, wenn wieder einmal ein Vogel auf meiner Veranda meine Hilfe brauchte, oder mir jemand sagte wie freundlich ich sei, da war meine Mutter plötzlich bei mir, und es ging etwas von ihr aus, so etwas wie ein warmes, wunderbares Licht. Ich habe sie nicht wirklich gesehen", setzte sie erklärend hinzu, „doch ich habe gespürt, dass sie da war. Ich habe es in diesen Augenblicken einfach nur gewusst."

Sie nahm das Buch, klappte es behutsam zu und stellte es wieder ins Regal. „Im Nachhinein denke ich, dass es auch so gewesen wäre, wenn ich sie schon als Kind an die andere Seite verloren hätte, wobei „verloren" – nach allem – nicht das richtige Wort ist."

Lukas nickte. Irgendwie konnte er sich das auch gut vorstellen. „Natürlich wäre es trotzdem schrecklich gewesen", räumte Agathe ein.

Dann schwiegen sie und Lukas gemeinsam für eine Weile bis sie zusammenfasste: „Doch in jedem Schrecken, in jeder Not ist irgendwo eine Rettung, die uns findet. Daran glaube ich ganz fest." Lukas musste daran denken, dass Agathes Tochter früh gestorben war, und dass sie sicher wusste wovon sie sprach. „Das weißt du ja schon, Lukas", ergänzte sie nun: „Das Schöne und das Schreckliche sind oft nicht so weit voneinander entfernt. Also, Lukas: Wenn das Schreckliche dich zu ersticken droht, dann bleibt dir gar nichts anderes übrig als nach dem Schönen zu schauen." Nun musste er an Ruby, den kleinen Raben, und an Mia denken. Mia, die einmal gesagt hatte, dass man von allem Schlimmen das Gegenteil denken müsse, wenn man Angst habe. Kein Wunder, dass die beiden, Mia und Agathe, sich so gut verstanden. „Ich habe eine Idee, Lukas!"

Agathe holte ein großes Stück Papier und Stifte, die sie auf den Tisch legte. „Warum zeichnest du nicht ein Bild für Deine Mutter? Das kannst du doch so gut." Sie war nicht die Einzige, die so dachte. Erst vor wenigen Wochen hatte Lukas einen Zeichenwettbewerb gewonnen, und im Rathaus waren sogar einige seiner Zeichnungen ausgestellt.
Während er zeichnete, stellte er fest, dass Agathe wieder einmal Recht hatte. Irgendwie half das Zeichnen in diesem Augenblick am besten gegen die Angst seine Mutter zu verlieren. Denn während er ein Bild von Kieran malte, stellte er sich ihr Gesicht vor.

Wie sie sich freuen würde. Dieses Gefühl breitete sich in ihm aus wie die Flügel, die Kieran auf dem Bild in den Himmel spreizte.

Und in diesem Augenblick war keine Angst mehr in ihm, sondern nur noch Freude.
„Wie gut du Kieran hier getroffen hast!", bemerkte Agathe.
Lukas wiederum dachte, dass Agathe ziemlich auf Zack sein musste, weil sie Kieran sofort erkannt hatte.

Immerhin war er bei weitem nicht der einzige Rabe auf ihrer Veranda.

Als könnte sie seine Gedanken lesen, stellte sie energisch fest: „Aber hör mal, Lukas, ich werde doch wohl Kieran noch erkennen!"

Das verstand er sofort. Denn immerhin gab es weit und breit niemanden, der so genau hinsah wie Agathe.

Zudem gab es nur einen einzigen „Rabenkönig" für Lukas. Und das war nun einmal Kieran.

Verständlich, dass auch sie das erkannte.

Text, Kapitel 9: Agathe und ich

Normalerweise bin ich wirklich niemand, der anderen beinahe ein Loch in den Bauch fragt, aber bei Agathe war das anders. *„Was ist denn nun eigentlich der Sinn von dem Ganzen?"*, wollte ich einmal von ihr wissen.

„Den ganzen Sinn", antwortete mir Agathe, *„den können wir nicht immer sehen, wenn wir noch hier auf dieser Welt sind."*

Sie war davon überzeugt, dass es nötig sei zu fliegen, ein ganzes Stück nach oben, um sich das Leben von oben her anzusehen.

Erst dann, das versprach sie mir, würde ich alles verstehen. *„Auch wenn du den Sinn gerade nicht siehst"*, versicherte sie mir. *„Er ist da"*.

Vielleicht, auch das gab sie mir zu bedenken, reiche es im Leben sogar bereits aus darauf zu vertrauen, dass der Sinn da war – ob er nun zu sehen war, zu erkennen oder nicht.

„Manche Dinge kann man auch spüren, selbst dann, wenn man sie nicht sieht."

Ich legte meinen Kopf in den Nacken und sah nach oben.

„Vertraue einfach darauf ", sagte sie mit einer solchen Überzeugungskraft in der Stimme, die in mir weiterschwang und in mir eine Sicherheit entfaltete, mit der ich zuvor wirklich niemals gerechnet hätte.

Ich dachte an den Wald mit seinen Raben und an alle, die schon auf dieser Welt fliegen konnten. An diesem Tag gab es nichts, das ich lieber getan hätte als durch den Wald zu laufen, um einige von ihnen zu sehen.

Und dann, es war nur ein kurzer Gedanke, hätte ich mich bereits an diesem Tag nicht gewundert Agathe unter jenen zu sehen, die schon zu Lebzeiten die Fähigkeit besaßen zu fliegen.

Ich dachte mir an jenem Tag auch, besonders wegen der Sache mit der Puppe Annie, die den Namen ihrer verstorbenen Tochter trug, und der sie deren Kleider anzog, dass die meisten Menschen Agathe wohl für eine Verrückte halten würden. Doch ich selbst fand sie nicht verrückt. Ganz und gar nicht. Sie allerdings hatte mir gesagt, dass sich beim Tod eines

Menschen alles ein wenig verrückt, das sei normal. Trotzdem. Diesen Begriff wollte ich nicht im Zusammenhang mit Agathe.

Darüber lachte sie nur und sagte: „Du weißt doch, dass die meisten mich für verrückt halten. Aber das macht nichts. Es kommt nicht darauf an, wirklich nicht!"

„Früher, ja, da hat mir das was ausgemacht, " gab sie zu. „Da bin ich sogar mal bei einer Theatervorführung von einer Bühne geflüchtet, weil ich solche Angst davor hatte mich zu blamieren." Es war ein Schulkrippenspiel gewesen, und Agathe ausgerechnet in der Rolle der Maria. Mit der Aufführung war es nach Agathes Flucht natürlich vorbei. Vor allem, da sie nicht ohne ihr Kind, also Jesus, hatte fliehen wollen, und außer der leeren Krippe nur noch Joseph und ein paar traurige Gestalten auf der Bühne herumstanden. „Damals habe ich mich so geschämt", flüsterte sie. „aber jetzt nicht mehr". Ihre Stimme hatte nun wieder die normale Lautstärke angenommen, und das Lachen war auf ihr Gesicht zurückgekehrt.

Dann erzählte sie mir noch etwas über die Trauer. Agathe verglich sie mit einer Melodie, die einen immer begleitet.

Für jeden Menschen gibt es eine Melodie, die nach seinem Tod freigesetzt wird.

Dann hört man sie, sobald man an diesen Menschen denkt.

Doch jeder hört sie anders. Und sie verändert sich. Manchmal ist sie ganz in Moll, dann in Dur, mal heiterer, dann wieder schwerer.

Wie ein großer Fluß, ein Fluß von Melodie, der sich immer weiter durch die Zeit zieht.

Ich liebte diesen Vergleich. Warum, wusste ich damals eigentlich selbst noch nicht so genau. Doch es war so.

Erst später, viel später, wusste ich, warum.

Frage: *Konnte Agathe helfen? Falls ja: Wie? Falls nicht: Was hättest du an ihrer Stelle getan? Kennst du solche Ängste auch? Was könnte man dagegen tun?*

Ich glaube, dass mir das noch besser gefallen hat als alles andere sonst. Einfach nur da zu sein, meine ich. Es ist echt schwer zu erklären. Und andererseits auch wieder nicht.

So wie die Geschichte mit Regina. Eine ihrer Geschichten handelte von Gerda, der Eule und deren Freund dem Fuchs.
Gerda, die Eule, welche so häufig im Kreis um Lukas´ Haus geflogen war, dass ihr, was bei Eulen nur selten vorkommt, mit einem Mal ganz schwindelig geworden war.

Sie hatte hierdurch für eine kurze, doch bedeutende Weile, die Orientierung verloren und nicht mehr gewusst wo sie hinflog.
Gelandet war sie schließlich in Mias Traum, wo sie sich vor Erschöpfung erst einmal auf den Boden legen musste, um die müden Flügel ein wenig auszuruhen und um sich ein wenig zu sortieren. Dabei hatte es wohl für einen Moment so ausgesehen, als sei aus der Stadt-Ente eine Eule geworden. Doch so etwas gibt es natürlich nur im Märchen. Einer Eule wie Gerda

konnte man in dieser Hinsicht gewiss nichts vormachen.

So genau wollte sie es aber nicht nehmen, denn immerhin kannte dieser wunderbare Fuchs alle Sternbilder, und in dieser Nacht lernte sie die Milchstraße kennen und den großen Wagen.

Kassiopeia sah sie, den kleinen und den großen Bären, Kepheus und Andromeda. Der kluge Fuchs erzählte Gerda etwas, das sie zutiefst verwunderte.

„Sternbilder", so versicherte er ihr, *„gehören im Grunde überhaupt gar nicht zusammen. Sie wirken nur auf uns, als ob sie zusammengehörten."*

Gerda konnte das zuerst gar nicht glauben. Doch der Fuchs nickte bekräftigend. *„Doch",* sagte er und fügte hinzu, *„oft sind sie sogar sehr weit voneinander entfernt."*

Gar nicht sehr weit voneinander entfernt, hallte es in Gerdas Kopf komischerweise nach, denn im Traum hört man nur das heraus, das einem wichtig ist. Außerdem fand sie, dass sie eben doch zusammengehörten – und dass es auf den rechten Blickwinkel ankam. Doch ohne den Fuchs wäre ihr das nicht eingefallen. Unter ihrem gefiederten Kopf braute sich allerhand Mysteriöses zusammen und verdichtete sich in dem, was man im Allgemeinen als die schon legendäre Weisheit der Eulen bezeichnen konnte.

Gemeinsam mit der Weisheit der Füchse eine beinahe unschlagbare Mischung, wie man sich das sicherlich unschwer vorzustellen vermag. Selbst dann, wenn sich hinter einem der Füchse ab und zu etwas verbirgt, das nur ein wenig an einen echten Fuchs erinnert.

Gerda, die nun wie hypnotisiert in den Himmel blickte, dachte darüber nach, dass offenbar Vieles nicht so war, wie man auf den ersten Blick meinen konnte.

Etwas, was sie bisher nie bedacht hatte.
Zugegeben: Ihr Nacken wurde durch das lange Liegen etwas steif, doch das, soviel wusste sie bereits, musste man in Kauf nehmen, wenn man seine Blickrichtung einmal für eine Weile

ändern wollte. Und so lernte auch Gerda das Sehen.

Die Kunst des Sehens – so könnte man es wohl auch nennen. Denn mit der Zeit wird man immer besser darin.

Lohnen tat sich das allemal. Die Eule spürte das mit der Klugheit der Tiere, so dass Gerda, als sie so unter dem freien Sternenhimmel lag, und der Fuchs sich zufrieden und faul neben ihr räkelte, beschloss sich nun öfter einmal in dem ein oder anderen Traum zu verirren.

Manchmal, das war ihr auch schon aufgefallen, machten Dinge den Eindruck als gehörten sie gar nicht zusammen.

Sie erschienen so weit voneinander entfernt. Das konnte auch bei Menschen vorkommen.

„Und dennoch, dennoch", sagte sie sich.

Man musste nämlich nur ein wenig von seiner sonstigen Art, die Dinge zu betrachten ab-rücken und schon erkannte man es.

Schon erkannte man, dass alles auf eine Art miteinander zusammenhing.

Dass jeder mit jedem zusammenhing und dass alle das etwas anging.

Da Gerda eine sehr kluge Eule war, behielt sie das jedoch zunächst einmal für sich.

Die meisten mochten es nicht, wenn man ihnen so etwas sagte. Sie wollten es lieber selbst herausfinden – und dass wiederum war etwas, was Gerda gut verstehen konnte.

Wie gesagt, sie war eben eine sehr kluge Eule. Beide liebten es also sich nachts die Sterne anzusehen – manchmal sogar bis in den Morgen hinein.

Dabei verirrte sich Gerda ab und zu in die Träume anderer Menschen, was verwirrend sein konnte wenn man sich damit noch nicht auskannte.

Dabei war es im Grunde gar nicht so schwer. Man brauchte nur etwas Übung und jemanden, der sich damit auskannte.

So wie Reginas Mutter eben, die ich wegen ihres Lächelns nur Mona Lisa nenne.

Manchmal denke ich über die *Morgensterne* nach. In meiner Phantasie werden sie zu allem Möglichen.

Manchmal erhellten sie den Morgen, manchmal konnten sie sogar Wünsche erfüllen.

Und ich denke, dass es nicht zu viel verraten ist wenn ich darauf hinweise, dass es vor allem die Morgensterne sind, die uns allen – nicht nur Gerda – in Zeiten von Orientierungslosigkeit und Chaos den Weg zeigen können.

Mir jedenfalls ist es so ergangen. Nicht nur einmal.

Viele Male waren sie es, die meinem Weg ihr Licht gaben.

Frage: *Wer oder was sind Deine persönlichen „Morgensterne"?*

Frage: *Was hilft Dir in Momenten in denen alles ziemlich verwirrend zu sein scheint? Wie entwirrst Du das Chaos für Dich persönlich? Hast Du in dieser Beziehung Vorbilder?*

Dein Märchen vom Morgenstern

Hinweis: Morgensterne- Bibliotherapie für Kinder kann für sich allein genommen, oder aber mit den weiter unten genannten therapeutischen Büchern kombiniert werden.

Das Hauptthema dieses Buches ist die Auseinandersetzung mit der eigenen Identität, mit eigenen Ängsten Wünschen, Hoffnungen und deren Umsetzung im Alltag.
Eine Einführung in die Vorgehensweise erfolgt lediglich in diesem Buch. Sie ist aber durchaus auf alle weiteren Bände anwendbar und transferierbar.
Wir unterstützen, gemeinsam mit der Bärbel Schulze Stiftung, die Palliativ / Hospiz-Arbeit in Deutschland, Österreich und der Schweiz
In diesen Büchern geht es um die Themen: Abschied, Krankheit, Tod, Verarbeitung von Verlusten, Selbstwirksamkeit, Hilflosigkeit, Aufbrechen chaotischer Gefühle. Ressourcen, Trauerrituale, Erinnerungen, Hoffnung, Identität, Vertrauen, Aggression, Scham, Isolation, Akzeptanz, Ruhepunkte, Neubewertungen.

Alle Geschichten sind ausdrücklich Praxis-erprobt und haben sich im therapeutischen Setting bewährt.

Unter meiner hinten angegebenen Mail-Adresse können Sie eine kostenfreie Bonus-Geschichte anfordern.

Claudia J. Schulze (Text) ist Autorin und Bibliotherapeutin. Studium der Psychologie, Philosophie Pädagogik und Literaturwissenschaften. Weiterbildung in Trauerbegleitung.

Sie arbeitet in eigener Praxis psychotherapeutisch mit Kindern, Jugendlichen und Erwachsenen, und entwickelt interdisziplinäre therapeutische Materialien.

Bereits in ihrer Diplomarbeit, später dann auch während ihrer Promotion, befasste sie sich mit der Frage, inwiefern Literatur sich auf therapeutische Prozesse positiv auswirkt.

Kontakt: CJ.Schulze@gmx.de Praxis Dr. Claudia J. Schulze, Grünberger Str. 8, 78052 VS-Villingen

Anke Hartmann (Illustrationen) ist Künstlerin, Illustratorin, Kinderbuchautorin und Geschäftsführerin einer Leipziger Grafik-Werkstatt und des Raumkind-Verlages. Ihre ausdrucksstarken und liebevoll gestalteten Bilder erfreuen sich großer Beliebtheit. Anke Hartmann ist Autorin des Buches: „Die letzte Reise" (Raumkind Verlag). Kleine Träumereien am Lindenauer Markt.

Lektorat: Matthias Ziebarth, Frankfurt am Main

Literaturempfehlungen

1) Die Romantherapie: 253 Bücher für ein besseres Leben (insel taschenbuch)

20. Oktober 2014 von Traudl Bünger und Ella Berthoud

2) Die Romantherapie für Kinder

10. Juli 2017 von Ella Berthoud und Susan Elderkin

3) Bibliotherapie: Eine aktuelle Bestandaufnahme

14. August 2016 von Sophia Meyer

4) Durch Lesen sich selbst verstehen: Zum Verhältnis von Literatur und Identitätsbildung

1. Januar 2008, von Florian Huber

5) Heilkraft des Lesens. Erfahrungen mit der Bibliotherapie

1988, von Peter (Hg.) Raab

6) Schreiben zur Selbsthilfe: Worte finden, Glück erleben, gesund sein

29. März 2017 von Birgit Schreiber und Johanna Vedral

7) Märchen als Therapie

1. März 1993, von Verena Kast

8) Poesie und Therapie: Über die Heilkraft der Sprache. Poesietherapie, Bibliotherapie, Literarische Werkstätten

15. Juli 2005, von Hilarion G Petzold und Ilse Orth

9) Schreiben und Lesen in psychischen Krisen, 2 Bdn.

1998, von Helmut H. Koch und Nicola Keßler

10) Kranke Kinder brauchen Bücher. Bibliotherapie in Theorie und Praxis: Gedenkschrift Dr. med. Edith Mundt

1. Januar 1996, von Rosemary Nelson und Ute Otten

11) Lesen macht gesund: Die Heilkraft der Bibliotherapie

15. August 2017 von Silke Heimes

12) Bibliotherapeutische Anwendung von Märchen, Mythen & Sagen in der Logotherapie und Existenzanalyse

16. August 2014 von Britta Lehnert

NACHWORT/ FUSSNOTE *

Die Geschichten von Lukas hab ich damals zuerst als rein (psycho-) therapeutische Geschichte für Kinder geschrieben, die ähnliche Erfahrungen gemacht hatten wie "Lukas", (der natürlich eine Zusammenfassung vieler Kinder ist).
Viele dieser Kinder waren bei mir in Behandlung. Häufig arbeiteten wir mit Geschichten. Wenn es keine passende Geschichte gab, dachte ich mir eine Geschichte aus, die sich besonders an die aktuelle Lebenssituation des jeweiligen Kindes richtete.
Im therapeutischen Gespräch kamen wir dann über den Umweg von Lukas auf die Sorgen und Probleme dieser Kinder zu sprechen. Häufig gab es schon in jungen Jahren gravierende Probleme wie eigene schwere körperliche Erkrankungen, seelische oder körperliche Erkrankungen eines Elternteils, den Verlust eines Geschwisterkindes oder Elternteils etc.

Das mit dem Wald ist so etwas wie ein Gegengewicht; eigentlich heutzutage kaum noch real. Ich habe es als besonders intakt und „heil" hervorgehoben, dadurch kommt es manchmal möglicherweise etwas „weltfremd", gar naiv herüber, aber je stärker die Probleme waren, umso größer habe ich dann auch die entsprechende Gegenkraft (Ressource) gemacht. Ich konnte zunächst überhaupt nicht sagen wie das bei unbelasteten Kindern ankommt, da es ja von vornherein komplett als therapeutische Geschichte konzipiert war. Aber vom Hospiz hab ich damals sofort ein Feedback bekommen. Den Kindern dort hat es sehr gefallen. Ich glaube wenn man krank ist, und es einem schlecht geht, dann mag man möglicherweise andere Sachen hören und lesen als wenn man gesund ist. Natürlich nicht verallgemeinerbar, aber so von der Tendenz her könnte ich es mir so denken, basierend auf meinen Erfahrungen in der eigenen Praxis. Das Alter der Kinder kommt natürlich hinzu. Deswegen ist es insgesamt eher ruhiger und von den Formulierungen her darauf abgestimmt. Mittlerweile haben mir nun auch eher unbelastete Kinder (und auch Erwachsene) gesagt, dass sie Lukas und seine Geschichten bis zum letzten Band gespannt verfolgt haben. Das freut mich natürlich sehr.

Zudem ist diese Geschichte um einige therapeutische Fragen erweitert, so dass eine tiefere Auseinandersetzung mit den Inhalten des Buches (bzw. auch der anderen Bücher möglich ist.

Das Buch: „Morgensterne" ist ein kleines, kompaktes Arbeitsbuch zur Bibliotherapie für Kinder. Es enthält konkrete und praxiserprobte Hinweise zur bibliotherapeutischen Vorgehensweise und weitere methodische Anregungen.

Jedes dieser Bücher hängt mit dem jeweils anderen zusammen. Trotzdem kann jedes Buch auch für sich und einzeln gelesen werden. Auch die jeweils verwendeten Bilder (von Anke Hartmann und Wilhelm Schneider) bieten Anregungen über die tiefere Auseinandersetzung mit dem Bild mithilfe der Sprache. **Einige der Bilder und Motive treten wiederholt auf. Dies soll das Vertrauen, das „Kennen" und „Wiedererkennen"** verstärken. Die Arbeit mit jedem dieser Bücher ist in der Praxis erprobt. Bitte wenden Sie sich gerne auch bei Fragen und weiteren Anregungen an mich. Ich interessiere mich sehr gerade auch für Ihre eigenen Erfahrungen mit diesem Themenbereich. Es gibt zu einigen dieser Bücher eine Übersetzung, so dass auch mit Kindern, die nicht deutsch sprechen, gearbeitet werden kann. So gibt es für „Nachtflüge" jeweils eine französische und eine italienische Übersetzung. „Vols de nuit / traduction: Jean-Francois Olland mit Rita Carmona. Voli notturni - storie tra i mondi / traduzione di Germana da Germana Olivieri)

Link zum kostenlosen Bonus-Hörbuch:

https://tinyurl.com/t9ysxor

https://tinyurl.com/yx45f6cb

Nachtflüge

Geschichten zwischen den Welten

Claudia J. Schulze / Anke Hartmann

Band 1

Nachtflüge
Eine Erzählung für Kinder
Claudia J. Schulze
gelesen von Jan Mahn

Hörbuch

Titelbild:
Anke Hartmann

Das Hörbuch ist über die Hörbuchmanufaktur Berlin bzw. über Audible zu erwerben. In der offiziellen Version ist der Sprecher Werner Wilkening.

Demnächst erscheint das Buch „Nachtflüge" auf Französisch („Vols de nuit"), auf Italienisch (Voli notturni) und, in gekürzter Version, auf Englisch unter dem Titel: „Tanner and the hedgehog", sowie auf Polnisch und Russisch. Weitere Übersetzungen sind in Planung. Hiermit sollen auch die Kinder mit anderer Muttersprache berücksichtigt werden. Herzlichen Dank auch an Jan Mahn und Werner Wilkening (Berlin). Besonderen Dank nochmals an Anke Hartmann. Ohne Sie wären all diese Projekte nicht denkbar gewesen, da ihre Illustrationen alle Geschichten so liebevoll begleiten und sehr positiv aufgenommen werden. Anbei ein kleiner Auszug weiterer Bücher, die alle auch einen therapeutischen Hintergrund haben. Dennoch können sie auch „einfach so" gelesen werden. Ich wünsche Ihnen viel Freude damit.

Rabenfedern
bringen Glück

Geschichten über Freundschaft und Mut

Claudia J. Schulze /
Anke Hartmann

Band 2

NEBELTRÄUME

Claudia J. Schulze /
Anke Hartmann

Band 3

Korax und das Geheimnis der Kürbisse

Claudia J. Schulze / Anke Hartmann

Band 4

Die Reise nach Holland und andere Geschichten

Claudia J. Schulze/ Anke Hartmann

Brunos Reise

und andere Geschichten

**Claudia J. Schulze /
Anke Hartmann**

Kindheit ist kein Kinderspiel

Interpretationshilfen zur Lukas-Reihe

Claudia J. Schulze

Zauberbücher~

Fragenkatalog zur „Lukas~Reihe"

Praktische Bibliotherapie

Claudia J. Schulze / Anke Hartmann

FRAGENKATALOG BIBLIOTHERAPIE - LUKAS-REIHE

LEAH LÖWENHERZ

Ein Trauerbuch für Kinder

Claudia J. Schulze

Ruby Blue

Leseproben mit Bonus

Claudia J. Schulze / Anke Hartmann

Aschenputtels Schwester
oder
Der Schuh ist zu klein

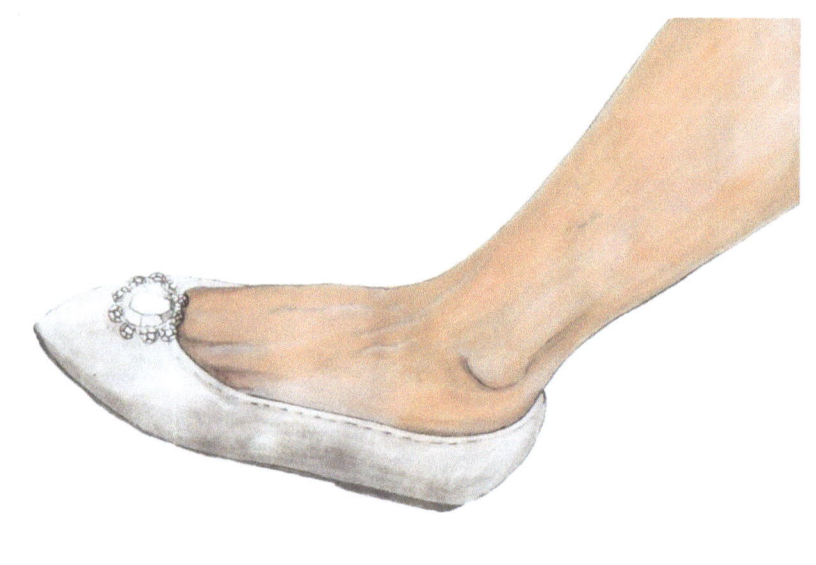

Märchen 5.0

Claudia J. Schulze / Anke Hartmann

Die **Kuh** auf dem **Kilimandscharo**

Claudia J. Schulze / Anke Hartmann

ENTSPANNUNGSHEFT

ÜBUNGEN MIT LILLY

Claudia J. Schulze/

Anke Hartmann